中宣部 2022 年主题出版重点出版物
建功新时代·全面推进乡村振兴研究丛书
丛书主编：王晓毅　燕连福　李海金　张　博

驻村帮扶与乡村振兴工作指引

中国扶贫发展中心　指导编写

王晓毅　等　著

中国文联出版社

图书在版编目（CIP）数据

驻村帮扶与乡村振兴工作指引 / 王晓毅等著．--北京：中国文联出版社，2022.9（2025.1重印）
（建功新时代·全面推进乡村振兴研究丛书 / 王晓毅等主编）
ISBN 978-7-5190-4969-0

Ⅰ．①驻… Ⅱ．①王… Ⅲ．①扶贫－研究－中国 Ⅳ．① F126

中国版本图书馆 CIP 数据核字（2022）第 168481 号

著　　者　王晓毅等
责任编辑　胡　笋　周　欣
责任校对　张　苗
装帧设计　麦　田

出版发行　中国文联出版社有限公司
社　　址　北京市朝阳区农展馆南里 10 号　　邮编　100125
电　　话　010-85923025（发行部）　010-85923076（编辑部）
经　　销　全国新华书店等
印　　刷　三河市龙大印装有限公司

开　　本　710 毫米 ×1000 毫米　1/16
印　　张　12.5
字　　数　125 千字
版　　次　2022 年 9 月第 1 版第 1 次印刷　2025 年 1 月第 6 次印刷
定　　价　53.00 元

版权所有·侵权必究
如有印装质量问题，请与本社发行部联系调换

目 录

导言：驻村帮扶与乡村振兴 ………………………………………… 1

第一章 驻村帮扶的根本遵循与政策设计 ………………………… 5
 一、驻村帮扶的根本遵循 ………………………………………… 6
 二、驻村帮扶的目标与责任 ……………………………………… 17
 三、驻村帮扶机制 ………………………………………………… 29
 参考文献 …………………………………………………………… 43

第二章 驻村帮扶的历史与经验 …………………………………… 45
 一、新民主主义革命时期的农村工作队 ………………………… 46
 二、社会主义革命和建设时期的农村工作队 …………………… 51
 三、改革开放和社会主义现代化建设时期的农村工作队 ……… 55
 四、驻村帮扶的历史经验及启示 ………………………………… 63
 参考文献 …………………………………………………………… 65

第三章 驻村帮扶乡村振兴的工作重点 …………………………… 66
 一、建强村党组织 ………………………………………………… 67
 二、推进强村富民 ………………………………………………… 80

三、提升治理水平 88
　　四、为民办事服务 101
　　参考文献 109

第四章　驻村帮扶的工作难点 112
　　一、如何协调和处理好各种工作关系 113
　　二、如何有效开展经济帮扶 124
　　三、如何开展乡村建设行动 135
　　四、如何提升乡村治理水平 144
　　五、如何助力乡村人才振兴 150
　　参考文献 155

第五章　驻村帮扶的工作方法和能力提升 156
　　一、驻村帮扶工作方法和能力的重要性 156
　　二、掌握驻村帮扶乡村振兴的工作方法 159
　　三、驻村帮扶乡村振兴的工作能力 169
　　参考文献 190

结　语 191

后　记 193

导言：驻村帮扶与乡村振兴

密切联系群众是中国共产党农村工作的光荣传统，向乡村派驻工作队是密切联系群众的重要体现。在中国共产党的历史上，派驻农村工作队是完成各个历史时期农村中心工作的重要机制。党的十八大以来，为打赢脱贫攻坚战，有超过300万来自国家机关和企事业单位的干部作为第一书记和驻村帮扶工作队，被派驻到12.8万个贫困村，与数百万贫困地区的乡镇和村干部一起奋战在脱贫攻坚的第一线，成为如期完成脱贫攻坚目标任务不可或缺的重要力量。在脱贫攻坚战全面胜利后，"三农"工作重心历史性转移到全面推进乡村振兴，2021年5月，中共中央办公厅印发了《关于向重点乡村持续选派驻村第一书记和工作队的意见》指出，为深入贯彻落实党中央有关决策部署，总结运用打赢脱贫攻坚战选派驻村第一书记和工作队的重要经验，在全面建设社会主义现代化国家新征程中全面推进乡村振兴，巩固拓展脱贫攻坚成果，把乡村振兴作为培养锻炼干部的广阔舞台，对脱贫村、易地扶贫搬迁安置村（社区），继续选派第一书记和工作队，健全常态化驻村工作机制，为全面推进乡村振兴、巩固拓展脱贫攻坚成果提供坚强组织保证和干部人才支持。这一重大举措的延续拓展不仅为乡村振兴带来了有生力量，巩固了党在基层的执政基础,并在乡村振兴实践中锻炼了队伍,为党培养了干部。

习近平总书记高度重视驻村帮扶工作,早在福建工作期间就对向农村派驻干部的南平经验进行了系统的调查和思考;在实施精准扶贫以后,特别强调向贫困村精准派驻第一书记和驻村工作队的重要性,把因村派人作为六个精准的内容之一。在脱贫攻坚即将取得胜利之际,习近平总书记谋划巩固拓展脱贫攻坚成果,把驻村帮扶作为"四个不摘"的重要内容,提出扶贫工作队不能撤,摘帽不摘帮扶。习近平总书记在许多场合对驻村帮扶给予了充分肯定,并嘱托第一书记和驻村工作队员要真正沉下去,扑下身子到村里干,同群众一起干,把基层作为学习历练的平台和机会。在习近平总书记关于驻村帮扶工作重要论述指引下,《关于向重点乡村持续选派驻村第一书记和工作队的意见》适应新形势新任务作出新部署,在巩固拓展脱贫攻坚成果的基础上,对驻村帮扶的人员选派和管理、驻村帮扶的覆盖范围、帮扶的方式和帮扶任务作出新的安排。

数十万第一书记和驻村帮扶工作队员从党政机关、企事业单位的办公室走向乡村,与基层的农民群众、党员干部一同推动乡村振兴,这是一种全新的经验。无论从工作任务还是工作方式,乡村振兴的工作都不同于过去的机关工作,需要广大第一书记和驻村帮扶干部能够快速转变角色,建立新的理念,补充新的知识、提升新的能力。需要第一书记和驻村帮扶工作队在学习领会习近平总书记关于"三农"工作重要论述的基础上,深刻领会党和国家乡村振兴的战略部署,精准把握新形势下"三农"工作的需求,创新性开展驻村帮扶促进乡村振兴工作，以更好的工作成绩做出新的贡献。

我们编辑撰写《驻村帮扶与乡村振兴工作指引》，试图为第一书记和驻村帮扶干部实现角色转换提供一些帮助，让广大的第一书记和驻村帮扶干部能够了解驻村帮扶的重要意义，知道如何开展驻村帮扶工作。本书由5个部分组成：第一章系统地梳理了习近平总书记关于驻村帮扶工作的重要论述，分析了不同时期党和国家对驻村帮扶的要求，阐述了驻村帮扶的根本遵循和顶层设计。第二章回顾了党在不同历史时期，采取不同形式，将干部派驻到基层，加强党与群众的血肉联系，推动当时党的中心工作完成的做法和历史经验。第三章结合政策和实践，讲述了在乡村振兴时期，驻村帮扶的主要工作任务。乡村振兴对驻村帮扶提出了更高的要求，不仅要推动乡村产业兴旺，更重要的是夯实党在农村的工作基础，完善乡村治理。第四章根据多年来驻村帮扶的工作实践，分析了驻村帮扶工作中的难点和重点。驻村帮扶覆盖面广，任务重大，工作难度大，需要第一书记和驻村帮扶干部能够应对复杂的农村环境，开展创新性的帮扶工作。第五章以问题为导向对一些农村工作的基本方法和基本能力进行了分析。乡村振兴对第一书记和驻村帮扶干部的工作方法和工作能力提出了新的要求，其核心仍然要有办法、有能力做好群众工作，倾听群众的意见，吃透党和国家的政策精神，结合实际工作，创造性地推进工作。

脱贫攻坚目标任务完成是人类减贫史上的伟大奇迹，乡村振兴必将创造更伟大的人类发展奇迹，广大的第一书记和驻村帮扶干部正在以自己的努力参与创造这一奇迹的伟大历史进程。知难行远，充分认识驻村帮扶工作意义，把握驻村帮扶工作规律，掌握驻村帮扶本领，是每一位第一书记和驻村帮扶干部完成任务、取得更大成绩的前提，希望这本工作指引能帮助第一书记和驻村帮扶干部尽快地适应新的环境，开展新的工作。

第一章　驻村帮扶的根本遵循与政策设计

【导语】

驻村帮扶对于实现脱贫攻坚目标，巩固拓展脱贫攻坚成果同乡村振兴有效衔接，全面实施乡村振兴战略，进而实现农业农村现代化，发挥着重要作用。习近平总书记从巩固党在农村的执政基础、培养锻炼干部和推进农业农村现代化等多个方面为驻村帮扶提供了根本遵循。党中央和国务院发布了一系列文件，明确了在脱贫攻坚和乡村振兴中，驻村帮扶的任务和责任；中央组织部、原国务院扶贫开发领导小组办公室和国家乡村振兴局印发了一系列政策，对第一书记和驻村帮扶做出了具体安排。本章在学习领会习近平总书记关于驻村帮扶工作重要论述的基础上梳理了驻村帮扶的意义、任务和制度安排。

在脱贫攻坚和乡村振兴中，驻村帮扶发挥了重要的作用。在这个过程中，习近平总书记做出了一系列重要指示，为驻村帮扶提供了根本遵循；中共中央和国务院、中共中央组织部、原国务院扶贫领导小组办公室和国家乡村振兴局发布了一系列文件，明确了驻村帮扶的目标、任务，为驻村帮扶提供了制度保障。本章从驻村帮扶的根本遵循、党和国家赋予驻村帮扶的任务和目标以及驻村帮扶的具体制度安排三个方面，阐述了驻村帮扶的责任和政策设计。

一、驻村帮扶的根本遵循

党的十八大以来，习近平总书记高度重视驻村帮扶工作，在许多重要会议、重要场合强调驻村帮扶工作的重要性，做出诸多深刻论述和重要指示。习近平总书记关于驻村帮扶工作的重要论述，是习近平总书记关于扶贫工作重要论述、关于"三农"工作重要论述的重要组成部分，为新时代全面打赢脱贫攻坚战和实施全面乡村振兴提供了根本遵循。在全面推进乡村振兴，加快农业农村现代化之际，学习领会习近平总书记关于驻村帮扶工作的重要论述，深刻把握其重要精神，科学领会其深邃思想，有利于深化对驻村帮扶在精准扶贫工作中重要作用的认识，是实现巩固拓展脱贫攻坚成果同乡村振兴有效衔接的根本保障，可以为实现乡村振兴目标任务提供科学遵循和行动指南。

（一）驻村帮扶巩固党在农村的执政基础

加强和巩固党的执政基础，关键在基层，重点在农村，驻村帮扶是巩固党在农村的执政基础的重要方式。早在福建工作时期，习近平总书记就曾撰文指出，驻村帮扶密切了党群干群关系，巩固了我党在农村的执政地位[①]。在脱贫攻坚期间，精准选派驻村工作队是

---

① 习近平：《努力创新农村工作机制——福建省南平市向农村选派干部的调查与思考》，《求是》2002年第16期。

干部下沉基层的重要通道,驻村干部用心用力帮扶是密切干群关系的实践基础。

驻村帮扶干部是打赢脱贫攻坚战的生力军,需要选最能打、最能干的人驻村。2015年11月27日,习近平总书记在中央扶贫开发工作会议上强调,在村级层面,要注重选派一批思想好、作风正、能力强的优秀年轻干部和高校毕业生到贫困村工作,根据贫困村的实际需求精准选配第一书记、精准选派驻村工作队。[1]2017年6月,习近平总书记在深度贫困地区脱贫攻坚座谈会上再次指出,打攻坚战的关键是人,打深度贫困这样坚中之坚的仗,就要派最能打的人,要把夯实农村基层党组织同脱贫攻坚有机结合起来,选好一把手、配强领导班子。[2]

只有把适合的人派驻到适合的村庄,做适合的工作,做到"人尽其才"才能实现精准扶贫,切实推动农村发展。精准选派驻村干部,是落实驻村帮扶工作、实现精准扶贫的重要一环。[3]根据村庄特点、贫困类型和致贫原因有针对性地科学选派具有不同优势和资源的干部进行帮扶,提升驻村干部精准匹配度以满足不同的贫困区的需求。2016年7月,在东西部扶贫协作座谈会上的讲话中习近平

---

[1] 习近平:《在中央扶贫开发工作会议上的讲话》(2015年11月27日),载中共中央文献研究室编《十八大以来重要文献选编》(下),中央文献出版社2018年版,第47—48页。

[2] 习近平:《在深度贫困地区脱贫攻坚座谈会上的讲话》(2017年6月23日),《人民日报》2017年9月1日,第2版。

[3] 习近平:《在部分省区市扶贫攻坚与"十三五"时期经济社会发展座谈会上的讲话(节选)》(2015年6月18日),载中共中央党史和文献研究院编《习近平扶贫论述摘编》,中央文献出版社2018年版,第58页。

总书记指出，向对口帮扶地区选派扶贫干部和专业人才，也要突出精准，缺什么补什么，增加教育、医疗、科技、文化等方面干部和人才比例，优化扶贫干部和人才结构。①

驻村干部尽心尽责、担当责任，是夯实基层干群党群关系的关键步骤。推动驻村干部更加用心、用力、用情地开展扶贫工作，是习近平总书记对驻村干部的殷切期望。早在2012年12月，习近平总书记在河北阜平讲话时就强调，希望驻村干部继续发扬不怕苦不怕难的精神，向沈浩同志学习——宁愿自己受苦，也要让群众加快脱贫；宁愿自己身上掉几斤肉，也要让群众走上致富路。驻村帮扶是光荣而艰巨的政治任务，是一项民心工程，更是进一步密切干群关系的有效措施，需要驻村干部发挥艰苦奋斗精神，强化责任意识。2017年6月23日，习近平在深度贫困地区脱贫攻坚座谈会上指出，扶贫干部要真正沉

2022年4月27日，山西省忻州市静乐县鹅城镇窑会村第一书记刘冬梅（左）在贫困户家登记农产品的品种和产量，通过电商平台帮助他们销售

---

① 习近平：《在东西部扶贫协作座谈会上讲话》（2016年7月20日），载中共中央党史和文献研究院编《习近平扶贫论述摘编》，中央文献出版社2018年版，第43页。

下去，扑下身子到村里干，同群众一起干，不能蜻蜓点水，不能三天打鱼，两天晒网，不能神龙见首不见尾。这方面，各级党组织和组织部门要管好抓紧，确保第一书记和驻村干部用心用情用力做好帮扶工作。

扑下身子扎实干的扶贫责任意识是党员干部为人民服务理念的外显，是习近平总书记对驻村干部如何保质保量完成扶贫攻坚任务的政治要求。2015年6月18日，习近平总书记在贵州考察时强调，"脚下沾有多少泥土，心中就沉淀多少真情。工作队和驻村干部要一心扑在扶贫开发工作上，强化责任要求，有效发挥作用"。驻村干部强化责任担当意识是解决扶贫路上困难的精神动力与坚定理想信念，也得到广大驻村干部的深刻认同与认真贯彻，体现的是广大驻村干部责任担当意识，巩固了我党在农村的执政基础。

（二）驻村帮扶推动全面乡村振兴

驻村帮扶是打通扶贫攻坚"最后一公里"的创新机制，是带领贫困群众脱贫致富，实现共同富裕，推动农业农村治理现代化的重要方式。

习近平总书记高度肯定驻村帮扶的作用，多次指出驻村帮扶是精准扶贫的重要组成部分，是实现贫困村贫困户脱贫致富的"启动器"。2015年6月18日，习近平总书记在贵阳召开的部分省区市扶贫攻坚与"十三五"时期经济社会发展座谈会上提出，选派扶贫工作队是加强基层扶贫工作的有效组织措施，要做到每个贫困村都有驻村工作队、每个贫困户都有帮扶责任人。①同年11月27日，习近平总书记在中央扶贫开发工作会议上的讲话中再次指出，在乡镇层面，要着力选好贫困乡镇一把手、配强领导班子，使整个班子和干部队伍具有较强的带领群众脱贫致富能力。②实践证明，选派机关优秀干部到村任第一书记，是加强农村基层组织建设、解决一些村"软、散、乱、穷"等突出问题的重要举措，是促进农村改革发展稳定和改进机关作风、培养锻炼干部的有效途径。在精准扶贫过程中，第一书记和驻村帮扶工作队共同构成了贫困村驻村帮扶的核心力量。2018年2月12日，习近平总书记在打好精准脱贫攻坚战座谈会上再次强调，向贫困村选派第一书记和驻村工作队，既锻炼了机关干部，培养了农村人才，又同当地基层干部并肩战斗，带领贫困群众脱贫致富。③

向贫困村派出驻村帮扶工作队是打通精准扶贫"最后一公里"的重要机制。十八大以来，有超过300万的干部被派驻到驻村帮扶第一线，打通了精准扶贫的"最后一公里"，发挥了精准滴灌的管道作用。广大干部被派驻村庄，可以精准落实扶贫政策措施，精确了解群众真实需求的目的。2019年习总书记在解决"两不愁三保障"

---

① 习近平：《部分省区市扶贫攻坚与"十三五"时期经济社会发展座谈会上的讲话（节选）》（2015年6月18日），载中共中央党史和文献研究院编《习近平扶贫论述摘编》，中央文献出版社2018年版，第37页。

② 习近平：《在中央扶贫开发工作会议上的讲话》（2015年11月27日），载中共中央文献研究室编《十八大以来重要文献选编》（下），中央文献出版社2018年版，第47页。

③ 习近平：《在打好精准脱贫攻坚战座谈会上的讲话》（2018年2月12日），2020年4月30日，求是网。

突出问题座谈会上的讲话中指出，为解决好"谁来扶"问题，全国累计选派300多万县级以上机关、国有企事业单位干部参加驻村帮扶，目前在岗的第一书记20.6万人、驻村干部70万人，加上197.4万乡镇扶贫干部和数百万村干部，一线扶贫力量明显加强，打通了精准扶贫"最后一公里"。①

李保国：扎根山区 科学扶贫

李保国，生前是河北农业大学教授、博士生导师。他三十五年如一日扎根太行山，把山区生态治理和群众脱贫致富作为毕生追求，创建了一套完整的山区生态开发模式，探索出经济社会与生态效益同步提升的扶贫新路，被亲切地称为太行山上"新愚公"。

1981年，李保国从河北林业专科学校（河北农业大学林学院前身）毕业后，留校任教。上班仅十几天，他便和同事们一起扎进太行山，搞起了山区开发研究。太行山多是"石头山"，土壤瘠薄。在前南峪村，"年年种树不见树，岁岁造林不见林"。李保国的足迹遍布山上的沟沟壑壑，冒着危险，摸索用爆破整地的方法聚土积流，经历多次失败，终获成功。从在前南峪村工作开始，李保国就把"家"安在了太行山区。他常年起早贪黑，哪怕刮风下雨都上山，研究课题，饿了就用馍加白开水当餐饭。他常说："搞农业科研就要像农民种地一样，

---

① 习近平：《在解决"两不愁三保障"突出问题座谈会上的讲话》（2019年4月16日），2019年8月15日，求是网。

春播秋收,脚踏实地。"2016年4月10日,李保国因心脏病突发,抢救无效,永远离开了家人、学生和他太行山里的乡亲们。30多年间,李保国先后完成山区开发研究成果28项,技术类及应用面积1826万亩,让140万亩荒山披绿,带动山区农民增收58.5亿元。他淡泊名利,既不拿农民给的报酬,也不要企业的股份,终其一生保持了共产党人的清正廉洁、无私奉献。

（三）注重锻炼、培养和使用驻村干部

驻村帮扶是选拔优秀干部的重要途径,驻村工作队员是党的干部队伍后备军。注重对驻村干部的培养、锻炼和使用,是中国共产党历来注重从基层锻炼、提拔干部传统的体现,是夯实我党执政基础的重要方式。驻村工作队员要注重锻炼、培养和使用,也需要多加关心关爱。只有加强对驻村干部的政治关心与生活关心,才能让驻村队员安心工作,培养出更加合格的社会主义事业接班人。如何增强驻村帮扶干部的战斗力、增加对驻村干部的关心关爱、推进干部的使用与成长,习近平总书记一直很挂念。

习近平总书记历来十分重视对优秀干部和人才的培养。2015年习近平总书记在中央扶贫开发工作会议上的讲话中提出,要把脱贫攻坚实绩作为选拔任用干部的重要依据,在脱贫攻坚第一线考察识别干部,激励各级干部到脱贫攻坚战场上大显身手。要把贫困地区作为锻炼培养干部的重要基地,对那些长期在贫困地区一线、实

碧桂园聘请公益岗"老村长"与扶贫队员一起入户调研

绩突出的干部给予表彰并提拔使用。①2017年6月，习近平总书记在深度贫困地区脱贫攻坚座谈会上指出，要把深度贫困地区作为锻炼干部、选拔干部的重要平台。扶贫干部要真正沉下去，扑下身子到村里干，同群众一起干，确保第一书记和驻村干部用心用情用力做好帮扶工作加强对驻村干部的培养培训，是增强精准扶贫、精准脱贫能力的必要手段。2019年习近平总书记在解决"两不愁三保障"突出问题座谈会上的讲话中指出，对在基层一线干出成绩、群

---

① 习近平：《在中央扶贫开发工作会议上的讲话》（2015年11月27日），载中共中央文献研究室编《十八大以来重要文献选编》（下），中央文献出版社2018年版，第47页。

众欢迎的干部，要注意培养使用。要加强宣传表彰，讲好脱贫攻坚故事。① "选好"是确保驻村帮扶工作取得成效的首要环节。选派优秀年轻干部到贫困村驻点帮扶，既是扶贫开发工作的需要，也是培养、锻炼和选拔干部的重要途径。这是党中央为推进扶贫开发工作和加强干部队伍建设而做出的一项制度性安排。② 习总书记对驻村优秀干部"注意提拔使用"的论述，明确了提拔使用优秀干部是激励他们冲锋扶贫一线、守好责任田的重要手段，激活了驻村干部的积极性和战斗力。

习近平总书记和党中央时刻关注关心驻村干部的生活动态和思想心理状态。习近平总书记在 2017 年 6 月 23 日深度贫困地区脱贫攻坚座谈会上强调，"在脱贫攻坚一线工作的基层干部非常辛苦。今年元旦我在新年贺词中专门问候他们，就是要发出一个信号，要求地方党委和政府要关心、关爱、关注他们"。习近平总书记充分肯定驻村干部的贡献，也多次做出要多加关爱驻村干部的指示，推动了驻村干部关爱体系的出台与完善。驻村干部不容易、不简单，只有关心关爱，才能更好地推动驻村干部安心扶贫、安心驻村。2017 年习近平总书记在十八届中央政治局第三十九次集体学习时的讲话中指出，农村干部在村里，脸朝黄土背朝天，工作很辛苦，对

---

① 习近平:《在解决"两不愁三保障"突出问题座谈会上的讲话》(2019 年 4 月 16 日)，2019 年 8 月 15 日，求是网。

② 韩广富、刘心蕊:《习近平精准扶贫精准脱贫方略的时代蕴意》,《理论月刊》2017 年第 12 期。

他们要加倍关心。①

要加强扶贫领域作风建设，坚决反对形式主义、官僚主义，减轻基层负担，做好工作、生活、安全等各方面保障，让基层扶贫干部心无旁骛投入到脱贫攻坚各项工作中去。习近平总书记在2018年2月12日打好精准脱贫攻坚战座谈会上指出，要关心爱护基层一线扶贫干部，让有为者有位、吃苦者吃香、流汗流血牺牲者流芳，激励他们为打好脱贫攻坚战努力工作。②在2019年4月16日解决"两不愁三保障"突出问题座谈会上进一步指示，"对奋战在脱贫攻坚一线的同志们，我们要关心他们的生活、健康、安全，对牺牲干部的家属要及时给予抚恤、长期帮扶慰问"③。习近平总书记对驻村干部的关心关爱从干部本身到干部家庭，从牺牲干部到全部驻村干部的覆盖，从日常谈心谈话到排忧解困、政策倾斜的全方位"照护"，体现了我党对基层干部的关心与爱护，是"以人为本"的执政理念的体现，有效地推动了驻村干部的政治作风和扶贫战斗力。

（四）加强对驻村干部的管理

习近平总书记强调，脱贫攻坚任务能否高质量完成，关键在

---

① 习近平：《在十八届中央政治局第三十九次集体学习时的讲话》（2017年2月21日），载中共中央党史和文献研究院编《习近平扶贫论述摘编》，中央文献出版社2018年版，第45页。

② 习近平：《在打好精准脱贫攻坚战座谈会上的讲话》（2018年2月12日），载中共中央党史和文献研究院编《习近平扶贫论述摘编》，中央文献出版社2018年版，第53页。

③ 习近平：《在解决"两不愁三保障"突出问题座谈会上的讲话》（2019年4月16日），2019年8月15日，求是网。

人，在于干部队伍作风。①加强对第一书记和驻村干部帮扶工作的管理培训，是解决驻村干部"想干不会干"的能力与方法问题，也是克服"散、弱、懒"等工作作风问题的有效方式。2017年1月24日，习近平总书记到河北省张家口市考察时强调，派扶贫工作队、第一书记，这些举措都有了，关键是要夯实，发挥实效。第一书记要真扶贫，扑下身子在这里干。习近平总书记关于加强贫困村驻村工作队管理培训的论述，为如何操作化、科学化推进驻村干部管理、服务与培训的方式方法提供了指导和遵循。

一是加强对驻村干部的管理，增强责任意识。习近平总书记和党中央多次强调驻村工作日常管理工作的重要性，提出了以"日常考勤、纪律约束、考核评估、督查巡查"为核心的驻村干部多重管理体系，确保帮扶工作责任到位，有效推动帮扶工作扎实有效。②以习近平总书记提出的党中央针对存在的直接影响脱贫攻坚目标任务实现的问题，多次就当前脱贫攻坚工作存在着形式主义、官僚主义问题，进行揭露和警示。针对虚假脱贫、考核松懈等问题，要改进考核评估机制，确保成效，要强化考核力度。习近平总书记强调，要实施最严格的考核评估制度，而且要较真、叫板。③

---

① 习近平：《在决战决胜脱贫攻坚座谈会上的讲话》（2020年3月6日），2020年3月6日，新华网。

② 习近平：《十九届中央全面深化改革领导小组第一次会议》（2017年11月20日），2017年11月20日，中华人民共和国中央人民政府。

③ 习近平：《在中央政治局常委会会议审议〈关于二〇一七年省级党委和政府扶贫开发工作成效考核等情况的汇报〉时的讲话》（2018年3月22日），载中共中央党史和文献研究院编《习近平扶贫论述摘编》，中央文献出版社2018年版，第126页。

二是加强对驻村干部的培训轮训，提高帮扶能力。习近平总书记提出通过加大对驻村干部的培训力度、组织干部轮训与多样培训方式，要求加强对驻村干部培训的政策引导。2016年习近平总书记在东西部扶贫协作座谈会上指出，要加大对西部地区干部特别是基层干部、贫困村致富带头人的培训力度，打造一支留得住、能战斗、带不走的人才队伍。[1]习近平总书记强调，要加强脱贫攻坚干部培训，确保新选派的驻村干部和新上任的乡村干部全部轮训一遍，增强精准扶贫、精准脱贫能力。[2]习近平总书记和党中央在组织干部轮训上做出了详尽规划，有力推动驻村干部轮训全覆盖。在培训方式创新上，习近平总书记指出，要多采用案例教学、现场教学等实战培训方式，培育懂扶贫、会帮扶、作风硬的扶贫干部队伍，增强精准扶贫精准脱贫工作能力。

二、驻村帮扶的目标与责任

21世纪以来，中国乡村进入快速发展时期，特别是党的十八大以来实施精准扶贫战略，到2020年实现消除绝对贫困目标；在脱贫攻坚目标实现以后，全面实施乡村振兴战略，在脱贫地区将巩固拓展脱贫攻坚成果同乡村振兴有效衔接；在这个过程中，基层党组织建设得到加强，党在农村基层的执政基础得到夯实，所有这些

---

[1] 习近平：《在东西部扶贫协作座谈会上的讲话》(2016年7月20日)，载中共中央党史和文献研究院编《习近平扶贫论述摘编》，中央文献出版社2018年版，第43页。

[2] 习近平：《在决战决胜脱贫攻坚座谈会上的讲话》(2020年3月6日)，2020年3月6日，新华网。

工作都离不开第一书记、驻村工作队和驻村帮扶的贡献。习近平总书记《在全国脱贫攻坚总结表彰大会上的讲话》高度赞扬了第一书记和驻村干部,"我们集中精锐力量投向脱贫攻坚主战场,全国累计选派25.5万个驻村工作队、300多万名第一书记和驻村干部,同近200万名乡镇干部和数百万村干部一道奋战在扶贫一线,鲜红的党旗始终在脱贫攻坚主战场上高高飘扬"[①]。同时指出,巩固拓展脱贫攻坚成果同乡村振兴有效衔接中,"要坚持和完善驻村第一书记和工作队、东西部协作、对口支援、社会帮扶等制度,并根据形势和任务变化进行完善"。

（一）精准扶贫精准脱贫的机制创新

要实现2020年脱贫攻坚的目标,首先是扶贫方式的转变,从"手榴弹炸跳蚤"到精准扶贫,要摸清对象,采取有针对性措施,解决围绕"扶持谁""谁来扶""怎么扶""如何退"四个关键问题;其次要增加投入,从2013年开始,各项扶贫投入不断增加,8年中,中央、省、市、县财政专项扶贫资金投入近1.6万亿元。这对扶贫领域的干部提出新的要求,不仅要增加人力,而且要提高工作水平,事实证明,向贫困村派驻驻村帮扶干部是一项有效的措施。从2013年开始向贫困村选派第一书记和驻村工作队,到2015年,实现每个贫困村都有驻村工作队、每个贫困户都有帮扶责任人。截至2020年底,全国累计选派25.5万个驻村工作队、300多万名第一书

---

① 习近平:《在全国脱贫攻坚总结表彰大会上的讲话》(2021年2月25日),《人民日报》2021年2月26日,第2版。

记和驻村干部，同近200万名乡镇干部和数百万名村干部一道奋战在扶贫一线，为脱贫攻坚提供了干部保障。

早在实施精准扶贫战略之前，各地就有向贫困村派驻工作队和第一书记，在新农村建设和改善乡村治理方面取得了良好的效果。2013年12月中共中央办公厅、国务院办公厅印发《关于创新机制扎实推进农村扶贫开发工作的意见》，将驻村帮扶作为精准扶贫六项机制创新中的一项，要求在各省（自治区、直辖市）现有工作基础上，普遍建立驻村工作队（组）制度，确保每个贫困村都有驻村工作队（组），每个贫困户都有帮扶责任人。该文件印发后，各省按照要求向贫困村派驻工作队。

驻村帮扶对于保障精准扶贫战略实施发挥了重要作用。在脱贫攻坚进入关键时刻，2015年中共中央、国务院发布《关于打赢脱贫攻坚战的决定》，对驻村帮扶提出了更高的要求，指出要"注重选派思想好、作风正、能力强的优秀年轻干部到贫困地区驻村"，"根据贫困村的实际需求，精准选配第一书记，精准选派驻村工作队，提高县以上机关派出干部比例"[1]。并提出"加大驻村干部考核力度，不稳定脱贫不撤队伍"。文件强调驻村帮扶工作队主要来自县级以上部门，切实加强了人员的投入；其次，第一书记和驻村帮扶工作队共同承担了脱贫攻坚的任务。

---

[1] 《中共中央国务院关于打赢脱贫攻坚战的决定》（2015年11月29日），《人民日报》2015年12月8日，第1版。

琼中黎族苗族自治县认真开展精准扶贫建档立卡工作，扶贫干部走村串户了解贫困户致贫原因，完善贫困户档案。陈元才、朱德权拍摄

2019年在脱贫攻坚进入最关键时期，中共中央、国务院在《关于坚持农业农村优先发展做好"三农"工作的若干意见》中将"切实加强一线精准帮扶力量，选优配强驻村工作队伍。关心关爱扶贫干部，加大工作支持力度，帮助解决实际困难，解除后顾之忧"作为在聚力精准施策，决战决胜脱贫攻坚中着力解决的突出问题的重要举措之一。这一意见体现了党中央国务院对驻村帮扶工作的重视，在强调发挥作用的同时也要解决他们工作生活中的困难。

驻村帮扶有效地保证了脱贫攻坚的胜利完成，脱贫攻坚也锻炼了干部，并在实践中完善了驻村帮扶的机制。首先，驻村帮扶实现了干部的工作下沉，充实了基层的扶贫力量。广大驻村帮扶工作队与基层干部共同承担起精准扶贫的艰巨任务。其次，为实施精准扶贫提供了保障。按照贫困村的需求，那些思想好、作风正和能力强的年轻干部深入到扶贫第一线，打通了精准扶贫"最后一公里"。再次，在脱贫攻坚的实践中，广大干部得到了锻炼，工作作风和工作能力得到明显提高。最后，通过驻村帮扶的实践，建立了一整套干部派出、管理和关爱的制度，为健全常态化驻村工作机制奠定了基础。

（二）实现乡村振兴的重要举措

党的十九大报告提出了实施乡村振兴战略，把治理有效作为乡村振兴五大目标之一，强调要加强农村基层基础工作，培养造就一支懂农业、爱农村、爱农民的"三农"工作队伍。随后中共中央、国务院印发《乡村振兴战略规划（2018—2022年）》，把驻村帮扶作为坚决打好精准脱贫攻坚战的重要工作，提出"加强和改进定点扶贫工作，健全驻村帮扶机制，落实扶贫责任"。

脱贫攻坚任务的完成以后开始全面推进乡村振兴，党的农村工作重心实现了历史性的转移，脱贫摘帽不是终点，而是新生活、新奋斗的起点。打赢脱贫攻坚战、全面建成小康社会后，要在巩固拓展脱贫攻坚成果的基础上，做好乡村振兴这篇大文章，接续推进脱贫地区发展和群众生活改善，驻村帮扶在巩固拓展脱贫攻坚成果，全面推进乡村振兴中，要继续发挥作用。2021年中共中央、国务院印发《中共中央 国务院关于全面推进乡村振兴，加快农业农村现代化的意见》，文件特别强调"坚持和完善向重点乡村选派驻村第一书记和工作队制度"，把选派第一书记和驻村帮扶作为加强党的农村基层组织建设和乡村治理的重要工作内容。在脱贫地区，首要任务是巩固拓展脱贫攻坚成果同乡村振兴有效衔接，驻村帮扶是落实习近平总书记"摘帽不摘责任、摘帽不摘政策、摘帽不摘帮扶、摘帽不摘监管"要求，在《中共中央 国务院关于实现巩固拓展脱贫攻坚成果同乡村振兴有效衔接的意见》中进一步明确指出："对巩固拓展脱贫攻坚成果和乡村振兴任务重的村，继续选派驻村第一书记和工作队，健全常态化驻村工作机制。"

2022年4月28日，广西壮族自治区容县杨梅镇凤美村第一书记陆宇（右一）与帮扶干部一起入户落实"雨露计划"，向贫困群众讲解发展特色产业的好处

在乡村振兴中，驻村帮扶的任务得到进一步明确，与第一书记的工作更好地融合，常态化驻村工作机制开始建立。首先，在贫困村全部实现脱贫目标以后，中共中央、国务院明确了要向巩固拓

展脱贫攻坚成果和乡村振兴任务重的村,继续派驻第一书记和工作队。不同地区根据本地的乡村振兴的任务,制定了具体的派驻范围,同时提升了驻村帮扶的政治意义,驻村帮扶不仅仅是要帮助村庄发展生产,农户提高收入,更重要的是要加强党在农村工作的领导作用,在《中共中央 国务院关于全面推进乡村振兴,加快农业农村现代化的意见》和《中共中央 国务院关于实现巩固拓展脱贫攻坚成果同乡村振兴有效衔接的意见》两个文件中,驻村帮扶都被写入"加强党对'三农'工作的全面领导"部分,承担了加强党对"三农"工作领导的任务。其次,第一书记和驻村帮扶两项制度实现了统一。在脱贫攻坚中,第一书记与驻村帮扶两项制度密切融合,在强化村级党组织建设的同时,完善了乡村治理,推动了乡村经济发展。全面推进乡村振兴不仅要在经济上增加农民收入,更要在乡村治理、人居环境改善实现乡村振兴,因此第一书记与驻村帮扶在制度层面上融为一体,承担了全面乡村振兴的任务,特别是加强基层治理和党在"三农"工作中的领导作用。最后,更加明确地提出了健全常态化驻村工作机制。在《关于创新机制扎实推进农村扶贫开发工作的意见》中提出了"实现驻村帮扶长期化、制度化"的要求,这是相对于过去驻村干部"走读式"驻村提出的要求,要求驻村干部住在村里。再到《中共中央 国务院关于实现巩固拓展脱贫攻坚成果同乡村振兴有效衔接的意见》提出"健全常态化驻村工作机制",不仅仅是要求能够住在村里,而且要考虑持续地发挥驻村工作的作用,使驻村帮扶的工作常态化。

（三）乡村治理现代化的推进平台

在全面推进乡村振兴，加快农业农村现代化过程中，第一书记和驻村帮扶肩负着重要使命和责任。

中国乡村发展不平衡的格局将维持较长时期，在消除了农村绝对贫困以后，城乡之间、区域之间的发展不平衡依然存在，乡村振兴的重点和难点是那些组织涣散、经济发展水平低和缺少农村集体经济的村庄，要推动这些村庄快速发展，仍然需要下大力气。向乡村振兴重点村派驻第一书记和驻村工作队，加强乡村振兴重点村的领导力量，解决重点村发展的难点问题，加速重点村的发展是派驻第一书记和驻村帮扶的目标，是新时代赋予驻村帮扶的责任。

加强党在乡村振兴中的领导作用，做好农村党建，完善乡村治理机制，夯实乡村治理的根基是第一书记和驻村帮扶工作队的重要任务。作为第一书记和驻村工作队，要把基层党建作为第一位的任务，通过党建引领，促进乡村振兴。组织振兴，实现治理有效是乡村振兴的基础，乡村振兴必须要在党建引领基础上，扩大群众参与，实现法治、自治和德治的三治融合；完善农村公共服务，推广运用清单制，提升乡村治理效率，提高为民服务能力。

派驻第一书记和驻村帮扶也是培养锻炼干部的有效途径。第一书记和驻村帮扶工作队员要有责任感和使命感，自觉在驻村帮扶中了解和熟悉乡村，培养与农民的感情，锻炼处理复杂事务的能力。民族要复兴，乡村必振兴，了解和熟悉乡村发展有助于青年干部了解中国国情；青年干部要在与人民群众的密切接触和为民服务的具体工作中，培养与普通群众的感情，养成为民服务的思想；乡村工作千头万绪，是青年党员干部提升能力的重要平台。

安徽省宿州市泗县将对村级扶贫干部的培训作为一项重要工作来抓

打造永不离开的工作队要成为驻村工作的重要目标。打造永不离开的工作队要培养乡村的本土人才，完善乡村治理机制，发展农村集体经济，提升乡村的自我发展能力和内生动力。驻村帮扶要从培养人才和完善机制两个方面入手，打造永不离开的工作队，让驻村帮扶形成长效机制，同时也要看到，驻村帮扶将成为一种稳定的机制，配合党的中心工作和国家重大战略，将持续地向重点村派驻第一书记和驻村帮扶工作队，以实现农业农村现代化。

（四）加强党对"三农"工作领导的有效途径

脱贫攻坚和实现乡村振兴离不开党的领导和党的建设，第一书记是加强基层党建的重要手段。中共中央组织部在总结脱贫攻坚经验的时候曾指出,"干部下基层是我们党的优良传统,也是各级党委、政府抓工作的一个重要方法。深入推进抓党建促脱贫攻坚,很重要的一招,就是从县以上机关单位向贫困村选派第一书记和驻村工作队,将组织力量直接充实到脱贫攻坚一线"①。十八大以前,一些地方开始了对贫困村和组织涣散村派出第一书记,在开始实施精准扶贫战略以后,第一书记更加聚焦贫困村和贫困户。

2018年10月17日,在全国第五个"扶贫日"期间,广西宁明县委宣传部帮扶干部深入挂点帮扶的那楠乡古优村开展"访贫夜话"恳谈会

2015年中共中央组织部、中央农村工作领导小组办公室、国务院扶贫开发领导小组办公室印发《关于做好选派机关优秀干部到村任第一书记工作的通知》,对第一书记的派出和任务做出明确规定,选派第一书记的重点范围是:党组织软弱涣散村和建档立卡贫困村,要做到全覆盖。派出的人员"主要从各级机关优秀年轻干

---

① 中共中央组织部:《扎实推进抓党建促决战决胜脱贫攻坚 为夺取脱贫攻坚战全面胜利提供坚强组织保证》,《求是》2020年第22期。

部、后备干部，国有企业、事业单位的优秀人员和以往因年龄原因从领导岗位上调整下来、尚未退休的干部中选派"。其任务则涵盖"建强基层组织、推动精准扶贫、为民办事服务、提升治理水平"。同年底，《中共中央 国务院关于落实发展新理念加快农业现代化实现全面小康目标的若干意见》更加清楚地指出，要"选好用好管好农村基层党组织带头人，从严加强农村党员队伍建设，持续整顿软弱涣散村党组织，认真抓好选派'第一书记'工作"。将抓好选派第一书记作为加强农村基层党组织建设，落实发展新理念加快农业现代化，实现全面小康目标的重要工作措施。

2018年《中共中央 国务院关于实施乡村振兴战略的意见》提出加强农村基层基础工作，构建乡村治理新体系，在新的乡村治理体系建设中，要"建立选派第一书记工作长效机制，全面向贫困村、软弱涣散村和集体经济薄弱村党组织派出第一书记"。第一书记不仅要覆盖贫困村和软弱涣散村，而且要覆盖集体经济薄弱村；同时第一书记的派驻不是短期的，而是一个长期的工作。

2019年中共中央印发《中国共产党农村基层组织工作条例》中明确指出："根据工作需要，上级党组织可以向村党组织选派第一书记。"这一条例为派驻第一书记提供了制度基础。同年，中共中央印发《中国共产党农村工作条例》，对第一书记的职责做了进一步明确，"加强农村工作干部队伍的培养、配备、管理、使用，健全培养锻炼制度，选派优秀干部到县乡挂职任职、到村担任第一书记，把到农村一线工作锻炼、干事创业作为培养干部的重要途径，注重提拔使用实绩优秀的农村工作干部"。条例中将到农村第一线工作，担任第一书记作为培养干部的重要途径。2021年5月中共中央发布的《中国共产党组织工作条例》提出"拓宽选人用人视野，推进地方与部门之间、地区之间、党政机关与国有企业和事业单位以及其他社会组织之间的干部交流，综合运用援派、挂职等方式，加大对国家重大战略选派干部支持力度"。第一书记的选派有了制度保障。向贫困村、软弱涣散村和集体经济薄弱村派驻第一书记，与驻村帮扶工作队共同工作，发挥加强基层党组织建设，实现脱贫攻坚、推进乡村振兴的作用。首先，坚强的基层党支部是脱贫攻坚的保障。贫困、组织涣散和集体经济发展薄弱的原因都在于缺乏强有力的领导，通过第一书记派驻，可以有效加强基层党组织建设，

贵州省铜仁市石阡县通过举办"两委一队三个人"及驻村帮扶干部示范培训班，加强党组织建设

发挥党支部的引领作用和党员的带头作用。其次,党的基层组织建设是脱贫攻坚和乡村振兴的保障,第一书记的首要任务是加强党的基层组织建设。最后,在组织涣散村加强党的建设、帮助贫困村实现脱贫和振兴,以及推动村庄集体经济发展,是第一书记的主要职责,第一书记成为驻村帮扶工作队的领导,发挥了核心作用。

三、驻村帮扶机制

驻村帮扶,就是要求驻村干部脱离原工作岗位,下到贫困村里、走进贫困户中,扎扎实实地搞帮扶。这看似是一项具体工作,但它能够实现精准扶贫过程中的"首要精准",即因村派人的精准性,这进一步决定了"六个精准"的实施效果。这批由第一书记和工作队员组成的驻村工作队成为精准扶贫时期"最能打的人",为脱贫攻坚战的胜利做出了不可磨灭的贡献。

驻村帮扶工作经历了一个艰难曲折的发展历程。自全面实行驻村帮扶政策以来,在不同的阶段面临着不同的问题。驻村帮扶工作在不断地遇到问题、研究问题、健全制度、解决问题的过程中得到了深化和完善。在驻村帮扶的发展过程中,党中央、国务院适时对政策进行了调整,让驻村帮扶工作始终保持在正确的前进轨道上并发挥着重要作用。

首先是建通道,2013年,伴随着精准扶贫战略的确定,党中央决定在现有工作的基础上,分期分批安排,普遍建立健全干部驻村帮扶制度。其次是全覆盖,2015年,党中央部署向基层组织软弱涣散村选派第一书记,覆盖12.8万个贫困村,同时承担扶贫任务,实现了驻村帮扶的全覆盖。再次是强规范，2017年，党中央加强和改进了驻村工作，着力解决了选人不优、管理不严、作风不实、保障不力等突出问题。最后是常态化，2021年，党中央决定总结运用打赢脱贫攻坚战选派驻村工作队的重要经验，为巩固拓展脱贫攻坚成果，全面推进乡村振兴，向重点乡村持续选派驻村第一书记和工作队。

在驻村帮扶的发展过程中，党和国家逐渐对驻村第一书记和驻村帮扶工作队的管理、培训、考核、激励和关爱使用做出了详细的规定，形成了完整的驻村帮扶机制，实现了驻村第一书记和工作队能够选得优、下得去、待得住、干得好。

（一）选得优

我国地域辽阔，区域差异极大，贫困村也各有其历史渊源与现实原因，这就决定了必须因地制宜，选派适合当地发展的优秀干部，但是，优秀的标准也不是绝对的。伴随着精准扶贫战略的推进，"选得优"的内涵也在逐渐丰富：一是选得优要实现因村派人，二是选得优要实现层层优选，三是选得优要实现持续优化。

第一，选得优要实现因村派人。因村派人首先要做到对两种原因而致贫致弱的村进行全覆盖，不仅包括建档立卡贫困村，而且还有党组织软弱涣散村。2015年，中共中央组织部、中央农村工作领导小组办公室和国务院扶贫开发领导小组办公室在《关于做好选派机关优秀干部到村任第一书记工作的通知》中对此进行了强调。其中，建档立卡贫困村的重点区域是14个集中连片特困地区和国家扶贫开发工作重点县。党组织软弱涣散村则主要是指那些党组织班子配备不齐、书记长期缺职、工作处于停滞状态的,党组织书记不胜任现职、工作不在状态、严重影响班子整体战斗力的,班子不团结、内耗严重、工作不能正常开展的,组织制度形同虚设、不开展活动的,尤其是换届选举拉票贿选问题突出、宗族宗教和黑恶势力干扰渗透严重、村务财务公开和民主管理混乱、社会治安问题和信访矛盾集中的村。

因村派人其次要做到因村选派、因人制宜。正如村庄致贫致弱的原因是多样和复杂的,选派的优秀干部也各有禀性天赋,派出单位也资源不同,因村派人就是要把派出单位的资源、驻村干部的综合能力与村庄的弱点结合起来,实现精准选派。2017年,中共中央办公厅、国务院办公厅印发的《关于加强贫困村驻村工作队选派管理工作的指导意见》中对此进行了明确要求和规范。具体而言,要把熟悉党群工作的干部派到基层组织软弱涣散、战斗力不强的贫困村,把熟悉经济工作的干部派到产业基础薄弱、集体经济脆弱的贫困村,把熟悉社会工作的干部派到矛盾纠纷突出、社会发育滞后的贫困村,充分发挥派出单位和驻村干部自身优势,帮助贫困村解决脱贫攻坚面临的突出困难和问题。

因此,因村派人实现了两个层面的推进,一是要对那些贫困村和软弱涣散村进行全覆盖,二是在此基础上进行干部和村庄的精准匹配。因地制宜、因村派人的精准匹配本身是选人优秀的重要内涵。

第二,选得优要实现层层优选。党中央始终强调要注重选派思想好、作风正、能力强的优秀年轻干部和高校毕业生到贫困村工作，根据贫困村的实际需求精准选配第一书记、精准选派驻村工作队，明确要求了第一书记和驻村工作队员的基本条件。《关于做好选派机关优秀干部到村任第一书记工作的通知》《关于加强贫困村驻村工作队选派管理工作的指导意见》等文件围绕着这些基本条件进行了详细界定。2021年，在脱贫攻坚战已经取得胜利、全面推进乡村振兴的背景下，中共中央办公厅印发《关于向重点乡村持续选派驻村第一书记和工作队的意见》要求，第一书记和工作队员人选的基本条件是：政治素质好，坚决贯彻执行党的理论和路线方针政策，热爱农村工作；工作能力强，敢于担当，善于做群众工作，具有开拓创新精神；事业心和责任感强，作风扎实，不怕吃苦，甘于奉献；具备正常履职的身体条件。第一书记必须是中共正式党员，具有1年以上党龄和2年以上工作经历；工作队员应优先选派中共党员。

除了要满足这些基本条件，还要进行层层审核、优中选优，除个人报名、组织推荐外还要进行审核把关，以更高标准和更严要求选派干部。2021年，中共中央办公厅印发《关于向重点乡村持续选派驻村第一书记和工作队的意见》要求，选派第一书记和工作队员，按照个人报名和组织推荐相结合的办法，由派出单位组织人事部门提出人选，同级党委组织部门会同农办、农业农村部门及乡村振兴部门进行备案，派出单位党委（党组）研究确定。各地区各部门各单位党委（党组）及组织部门、农办、农业农村部门及乡村振兴部门，要严把人选政治关、品行关、能力关、作风关、廉洁关，充分考虑年龄、专业、经历等因素，确保选优派强。

辽阳县八会镇宽厂村第一书记郭凯（右二）与村民共同探讨食用菌养殖技术（2019年3月）（派出单位：辽阳市国税局机关党委副书记）

第三，选得优要实现持续优化。选派驻村帮扶工作队，不仅要注重根据不同类型的村庄需要，对驻村工作队的人选进行科学搭配和优化组合，以图发挥选派力量的最大效能，而且要注重保持在驻村工作队下派之后的持续优化能力，这突出表现在关于召回调整驻村工作队的制度机制方面。党和国家在这方面做出安排，不仅是考虑到驻村工作队员的具体情况，更是为了保持驻村帮扶的持续优化能力。

虽然通过层层设置和选拔，驻村工作队能够实现选优派强，但是在驻村工作队下派之后，或因工作能力不胜任、或因身体健康不适合、或因家庭有特殊困难而不能继续驻村的，要进行召回调整。

2017年，中共中央办公厅、国务院办公厅印发的《关于加强贫困村驻村工作队选派管理工作的指导意见》要求，驻村干部不胜任驻村帮扶工作的，驻村工作领导小组提出召回调整意见，派出单位要及时召回调整。更加关键的是，通过召回调整，选派更优秀、更适合的驻村干部，能够使得驻村干部队伍结构进一步优化、能力素质进一步提高，驻村帮扶保持持续优化的能力。

（二）下得去

在层层选拔优秀驻村干部的基础上，要实现驻村工作队"下得去"，还需要满足两个条件：一是要能脱离派出单位的环境，而且没有后顾之忧；二是要求驻村干部的派入地区有一套机制能够对干部驻村提供环境和助力。因此，驻村帮扶工作队要实现下得去，必须满足两个方面的支持，才能去无后顾之忧、来有用武之地。

第一，去无后顾之忧。干部驻村，扎扎实实搞帮扶，首先，有一定的时间投入要求，如果时间投入过短，则有可能出现驻村不帮扶、挂名不干事等形式主义现象。因此，党和国家要求，驻村工作队员有严格的任期限制。具体而言，一方面，《关于做好选派机关优秀干部到村任第一书记工作的通知》要求第一书记的任期一般为1年到3年，另一方面，《关于向重点乡村持续选派驻村第一书记和工作队的意见》要求第一书记和工作队员的任期一般不少于2年，到期轮换、压茬交接。可以看出，关于任期方面的限制不仅明确，而且有严格的趋向，这表现在驻村的最低时限从1年增长为2年。

其次，干部驻村，要有派出单位的配合和管理。干部长时间离开原有的工作环境，全身心专职进行帮扶工作，派出单位的配合支持与严格管理必不可少。一方面，配合体现为一系列支持性举措，消除驻村干部的后顾之忧。《关于做好选派机关优秀干部到村任第一书记工作的通知》和《关于加强贫困村驻村工作队选派管理工作的指导意见》均要求干部驻村任职期间，党组织关系转接到所驻贫困村，不承担原单位工作，且原人事关系、工资和福利待遇保持不变。此外，若选派干部担任第一书记的，派出单位要与第一书记联村，加大支持帮扶力度。另一方面，严格管理也必不可少。派出单位选派驻村干部之后，并不意味着"一派了之"，后续的严格管理能够避免"两头跑""两头都不在"等现象。《关于做好选派机关优秀干部到村任第一书记工作的通知》要求，派出单位要定期听取第一书记工作汇报，适时到村调研，指导促进工作。中共中央办公厅印发的《关于向重点乡村持续选派驻村第一书记和工作队的意见》也强调，派出单位加强跟踪管理，每半年听取1次第一书记和工作队员汇报。

因此，从选派时的驻村时间要求、派出单位的配合支持与严格管理等政策举措来看，能够在消除派驻干部后顾之忧的同时进行严格管理，从派出单位一端解决"下不去"的问题。

第二，来有用武之地。从派出单位方面实现了"下得去"之后，派入单位也要有一套环境和助力来为驻村干部提供支持，让他们有发挥自己的专长和能力的舞台，这取决于各级地方政府和部门的制度安排，不仅要有组织方面的帮助，而且要有财力方面的支持。一方面，从加强组织帮助来看。中共中央办公厅和国务院办公厅印发《关于加强贫困村驻村工作队选派管理工作的指导意见》指出，省级党委和政府对本行政区域内驻村工作队选派管理工作负总责。市地级党委和政府要加大对驻村工作指导和支持力度。县级党委和政府负责统筹配置驻村力量，组织开展具体驻村帮扶工作。地方各级党组织和组织部门要加强管理，推动政策举措落实到位，为驻村帮扶工作提供有力支持。特别是乡镇党委和政府要安排专人具体负责，帮助驻村工作队解决实际困难。

驻村工作队给村民讲解政策。（右一）为驻村第一书记宋旺

另一方面，从财力方面的支持来看。基本的工作经费有助于驻村工作队顺畅地开展工作，也是他们发挥个人能力的基本条件，不

同时期的文件都对这一点做出了要求。2015年,《关于做好选派机关优秀干部到村任第一书记工作的通知》中专门对第一书记的工作经费做出要求,指出要保证第一书记工作经费,具体由各地财政统筹安排,各地扶贫部门要从扶贫资金中专项安排帮扶经费。2017年,《关于加强贫困村驻村工作队选派管理工作的指导意见》指出,地方财政部门要统筹安排,为驻村工作队提供必要的工作经费。有关部门要加强协调配合,积极支持驻村工作队开展工作。2021年,《关于向重点乡村持续选派驻村第一书记和工作队的意见》再次强调保证必要工作经费,具体由地方财政统筹安排。

因此,党和国家设计了一整套制度机制,从派出单位和派入单位两个方面提供支持政策和管理政策,让驻村工作队能够真正"下得去"。

（三）待得住

选派的优秀干部开展驻村帮扶后,进一步要推动驻村帮扶工作的落实,解决他们"待不住""待不下去"等问题,这一问题的解决要以严格管理和关心关爱相结合为主要办法,或者说严管与厚爱相结合。其中,严管是一套严格的科学管理制度,厚爱则体现为细致的关心支持爱护,双管齐下,实现制度管人、关爱留人的效果。

第一,严格的科学管理制度。为了加强对驻村工作队的管理工作,中共中央办公厅和国务院办公厅印发《关于加强贫困村驻村工作队选派管理工作的指导意见》对驻村帮扶的相关制度进行了健全。首先,建立工作例会制度,驻村工作领导小组每季度至少组织召开1次驻村工作队队长会议，了解工作进展，交流工作经验，协调解决问题。其次，建立考勤管理制度，明确驻村干部请销假报批程序，及时掌握和统计驻村干部在岗情况。再次，建立工作报告制度，驻村工作队每半年向驻村工作领导小组报告思想、工作、学习情况。最后，建立纪律约束制度，促进驻村干部遵规守纪、廉政勤政。之后，在全面推进乡村振兴的背景下，中共中央办公厅印发《关于向重点乡村持续选派驻村第一书记和工作队的意见》指出，由县级党委组织部门、农办、农业农村部门及乡村振兴部门和乡镇（街道）党（工）委对驻村工作队开展日常管理，严格落实考勤、请销假、工作报告、纪律约束等制度。

从以上这些具体的日常管理制度可以看出，严格的考勤管理、请销假报批等手续，保证了驻村干部的在岗情况，实现了驻村也住村的效果。工作例会制度、工作报告制度等对驻村干部的具体工作提出了要求，如果没有持续开展具体工作，则很难有工作的进展和响应问题的解决。因此，党和国家用严格的科学管理制度保证了驻村帮扶工作队待得住且能推动工作落实。

第二，细致的关心支持爱护。驻村帮扶工作辛苦、生活艰苦，要让驻村帮扶干部待得住，还必须对他们的工作生活提供细致的关心支持和爱护。党和国家的一系列政策举措都在这一方面进行了加强。2015年，《关于做好选派机关优秀干部到村任第一书记工作的通知》指出，要关心关爱第一书记。派出单位要安排定期体检，办理任职期间人身意外伤害保险，并帮助解决生活等方面的实际困难。任职期间要给予适当生活补助，可参照差旅费伙食补助费标准执行，派往艰苦边远地区的，还可参照所在地区同类同级人员的地区性津贴给予相应补助。省（区、市）、市（地、州、盟）、县（市、区、旗）党委组织部要制定完善有关政策和激励保障措施，所在乡镇要力所能及地提供工作和生活条件。

2017年，《关于加强贫困村驻村工作队选派管理工作的指导意见》对派出单位和派入地方关心驻村干部做出了更加细致的规定。该文件强调，县乡两级党委和政府、派出单位要关心支持驻村干部，为其提供必要的工作条件和生活条件。驻村期间原有人事关系、各项待遇不变。派出单位可利用公用经费，参照差旅费中伙食补助费标准给予生活补助，安排通信补贴，每年按规定为驻村的在职干部办理人身意外伤害保险，对因公负伤的做好救治康复工作，对因公牺牲的做好亲属优抚工作。干部驻村期间的医疗费，由派出单位按规定报销。县乡两级党委和政府、派出单位负责人要经常与驻村干部谈心谈话，了解思想动态，激发工作热情。

2021年，《关于向重点乡村持续选派驻村第一书记和工作队的意见》指出，派出单位可参照差旅费中伙食补助费标准给予生活补助，安排通信补贴，派往艰苦边远地区的，还可参照所在地区同类同级人员的地区性津贴标准给予相应补助。每年安排定期体检，办理任职期间人身意外伤害保险，按规定报销医疗费。所在县乡提供必要工作和生活条件。因此，通过这些不断完善和加强的管理制度与关爱政策，激励了驻村干部全身心驻村扶贫，用心、用情、用力做好驻村帮扶工作。

（四）干得好

驻村工作队长期待在贫困村只是精准扶贫的手段而非目的，最终的目的是借助驻村工作队的智慧和力量引导贫困村脱贫致富，实现乡村振兴，这一目标的达成在很大程度上取决于驻村帮扶工作的成效和质量。换句话说，驻村工作队派驻乡村，他们干得好不好是驻村帮扶成败的关键。为了实现驻村干部"干得好"，党和国家在两个方面涉及了制度机制，一是以宣传培训的方式增强他们开展农村工作的能力，二是强化考核及其结果运用，让驻村干部了解考核好会有哪些表彰激励措施，考核不好可能面临什么样的惩罚。

一方面，以宣传培训的方式解决驻村干部"想干不会干"的问题。2017年，《关于加强贫困村驻村工作队选派管理工作的指导意见》指出，各地要通过专题轮训、现场观摩、经验交流等方式，加大对脱贫攻坚方针政策、科技知识、市场信息等方面培训力度，帮助驻村干部掌握工作方法，熟悉业务知识，提高工作能力。要注重发现驻村帮扶先进事迹、有效做法和成功经验，加大宣传力度，树立鲜明导向，营造驻村帮扶工作良好氛围。

2020年，《关于积极应对新冠肺炎疫情影响切实做好驻村帮扶工作的通知》强调，科学制订驻村干部教育培训计划，明确培训任务，确保新选派的驻村干部实现培训全覆盖。坚持以脱贫攻坚工作需求为导向，通过案例教学、现场教学、走出去学习等实战培训方式，帮助驻村干部提高实战能力，重点解决政策不熟悉、扶贫办法少、想干不会干等问题。充分运用网络、微信、手机客户端等新媒体形式开展学习培训，发挥其覆盖面广、传播力强、灵活度高的特点和优势。

河南省平顶山市郏县扶贫干部向群众细致宣传"防贫保"政策。岳阳摄

2021年，《关于向重点乡村持续选派驻村第一书记和工作队的意见》对此做出了更加明确的要求。该文件要求，分级负责开展培训，第一书记和工作队员原则上任期内至少参加1次县级以上培训。

因此，党和国家针对驻村干部的工作需求，有针对性地开展了驻村干部培训，通过示范培训和大规模轮训相结合、请进来和走出去相结合、课堂教学和现场教学相结合等方式，培育了他们的过硬作风，提高他们的实战能力。

另一方面，强化精准考核及其结果运用。2015年，《关于做好选派机关优秀干部到村任第一书记工作的通知》就对第一书记的考核及其结果运用做出了明确要求。该文件指出,第一书记参加派出单位年度考核,由所在县(市、区、旗)党委组织部提出意见。任职期满,派出单位会同县(市、区、旗)党委组织部进行考察,考核结果作为评选先进、提拔使用、晋升职级的重要依据,对任职期间表现优秀的在同等条件下优先使用。对工作不认真、不负责的给予批评教育,造成不良后果的及时调整和处理。

随着驻村帮扶工作的进展,对于驻村第一书记和工作队的考核越来越精准且符合实际。2015年,《关于加强贫困村驻村工作队选派管理工作的指导意见》强调,县级党委和政府每年对驻村工作队进行考核检查,确保驻村帮扶工作取得实效。坚持考勤和考绩相结合,平时考核、年度考核与期满考核相结合,工作总结与村民测评、村干部评议相结合,提高考核工作的客观性和公信力。考核具体内容由各地根据实际情况确定。年度考核结果送派出单位备案。2021年,《关于向重点乡村持续选派驻村第一书记和工作队的意见》要求,驻村工作半年以上的,由所在县党委组织部门、农办、农业农村部门及乡村振兴部门会同乡镇(街道)党(工)委进行年度考核,以适当方式听取派出单位意见,考核结果反馈派出单位;期满考核由派出单位会同所在县党委组织部门、农办、农业农村部门及乡村振兴部门和乡镇(街道)党(工)委进行。考核过程中深入听取村干部、党员、群众意见,全面了解现实表现情况。考核结果作为评先评优、提拔使用、晋升职级、评定职称的重要依据。

从以上文件的要求变化可以看出,不仅考核的单位从派出单位逐渐转移到了当地政府,而且考核的方式也从单纯的组织部门考核变成了结合村干部评议、村民测评等方式相结合，考核的精准性和客观公正程度都得到大幅提高。

此外，相关的激励与惩罚举措也与考核结果密切相关。就表彰激励举措而言，《关于加强贫困村驻村工作队选派管理工作的指导意见》指出，考核结果作为驻村干部综合评价、评优评先、提拔使用的重要依据。对成绩突出、群众认可的驻村干部，按照有关规定予以表彰；符合条件的，列为后备干部，注重优先选拔使用。

就惩罚问责举措而言，《关于加强贫困村驻村工作队选派管理工作的指导意见》强调，驻村干部不胜任驻村帮扶工作的，驻村工作领导小组提出召回调整意见，派出单位要及时召回调整。对履行职责不力的，给予批评教育；对弄虚作假、失职失责，或者有其他情形、造成恶劣影响的，进行严肃处理。同时，依据有关规定对派出单位和管理单位有关负责人、责任人予以问责。

总之，驻村帮扶在实际工作中遇到了不少挑战，通过不断调整政策，先后实现了"选得优""下得去""待得住""干得好"的目标，驻村帮扶工作在实践中不断完善、不断深化。驻村帮扶工作总体实现了选派精准、帮扶扎实、成效明显、群众满意的目标。

参考文献

［1］习近平:《努力创新农村工作机制——福建省南平市向农村选派干部的调查与思考》,《求是》2002年第16期。

［2］王正谱:《在全国驻村帮扶工作推进会上的讲话》,2021年9月,国家乡村振兴局官网。

［3］邓燕华等:《扶贫新机制:驻村帮扶工作队的组织、运作与功能》,《社会学研究》2020年第6期。

［4］李里峰:《工作队:一种国家权力的非常规运作机制——以华北土改运动为中心的历史考察》,《江苏社会科学》2010年第3期。

［5］王晓毅:《精准扶贫与驻村帮扶》,《国家行政学院学报》2016年第3期。

第二章　驻村帮扶的历史与经验

【导语】

　　配合党的中心工作，深入乡村发动群众，建立与群众的血肉联系是中国共产党的优良传统。早在新民主主义革命时期，中国共产党就派出由军队、党员干部和知识分子组成的农村工作队，深入到农村调查研究，发动群众，开展武装斗争和土地改革；中华人民共和国成立以后，向农村派出工作队的传统被继承下来，特别是进入21世纪以来，党中央高度重视农业农村发展，采取工业反哺农业、城市反哺农村，加大农村发展的支持力度，形成了以南平经验和小岗村原第一书记沈浩为代表的驻村帮扶典型，为新时期的第一书记和驻村帮扶积累了丰富经验。

　　中国共产党在领导中国人民进行革命、建设、改革的过程中，一以贯之重视农村和农民工作，始终把发动和组织农民作为各个时期的主要任务。在此历史进程中，党逐渐探索出以派驻工作队（以下简称"农村工作队"或"工作队"）为形式和抓手的农村工作组织方式，在组织农民、调动农民积极性和主动性、贯彻落实党在农村的各项方针政策、促进农村建设和发展等方面取得突出成效，积

河北农村文化工作队正在开展工作

累了宝贵经验。

一、新民主主义革命时期的农村工作队

1921年,中国共产党成立之初面临的主要任务是反对帝国主义、封建主义、官僚资本主义,争取民族独立、人民解放,即开展新民主主义革命。在新民主主义革命时期,中国共产党遭遇国民党

反动集团叛变革命，对共产党人和革命人民的残酷屠杀，以及党内以陈独秀为代表的右倾机会主义错误。之后，经过土地革命战争实践经验教训总结，中国共产党逐步走上农村包围城市的适合中国国情的革命道路。毛泽东同志领导军民在井冈山开创第一个农村革命根据地，发动广大农民群众打土豪、分田地。随着斗争形势的发展，中国共产党又建立了多个农村革命根据地。以农村包围城市、武装夺取政权的革命道路要求中国共产党能够扎根广大农村，充分宣传、组织、尊重和依靠群众，动员农民广泛支持并积极参与到革命当中。在这种背景下，中国共产党开始探索派驻农村工作队。

（一）土地革命战争时期

工作队最早是指党领导的军队派往农村承担发动、组织群众等任务的队伍，后来发展为根据党的部署到村到户开展农村工作的队伍。

1927年底，毛泽东同志在总结红军攻占茶陵经验时指出，部队必须执行打仗消灭敌人、打土豪筹款子、做群众工作三项任务。第三项任务就是红军作为工作队身份的主要工作，并且是革命军队的三大任务之一。1929年12月古田会议进一步明确提出，红军"除了打仗消灭敌人军事力量之外，还要负担宣传群众、组织群众、武装群众、帮助群众建立革命政权以至于建立共产党的组织"等重大任务。在这些思想的指导下，群众路线成为人民军队三大法宝之一，宣传、发动和组织群众成为人民军队的重要工作。由此，农民成为中国革命的主力军，不同时期的武装力量均主要源自农民；农民还是中国革命的依靠力量，积极参与到革命工作的后勤、保卫、服务、支撑等工作。

苏区干部好作风

中央苏区时期，中国共产党通过深入开展土地革命，实现了"耕者有其田"的目标，让农民分到了田地，获得最大的利益，通过帮助群众组织起耕田队、换工队、犁牛站、耕牛合作社以及消费合作社、粮食合作社等方式，帮助翻身农民解决生产中遇到的各种实际困难。苏区干部通过"日着草鞋干革命，夜打灯笼访贫农"的工作作风，解决群众生活中的各种实际困难。在关心群众生产和生活方面，毛泽东、朱德、周恩来等领导同志身体力行，率先垂范。毛泽东亲自带领军民挖"红井"，帮助瑞金沙洲坝群众解决饮水困难；朱德等红军领导人也带头下田帮助农民插秧收稻、车水抗旱；周恩来、张闻天等带头帮助红军家属砍柴、挑水、拉犁等等。这些佳话在中央苏区广泛流传，群众动情地唱道，"苏区干部好作风，真心实意为群众，柴米油盐都想到，问寒问暖情义重""苏区政权一枝花，花根扎在穷人家，贫苦农民有了党，红色政权遍天下"。

（二）抗日战争时期

延安时期，毛泽东同志非常重视人民群众的地位和作用，注重加强知识分子与基层群众的联系，以实现党与民众的友好互动。在抗日战争动员阶段，由知识分子组成的工作团成为抗日战争的主要动员力量，他们深入农村向群众培养抗战思想，宣传党的抗日政策，呼吁基层群众加入培养抗日的伟大斗争中。在这个过程中，运动的主要推动力量由军队转到城市知识分子及农村上层人士中。为应对战争动员的迫切需求，党在统一战线的政策范围内大批选派文化人开展文化下乡工作，强化了知识群体与农民群体之间的相互改造。不仅如此，党在继续完善边区基层组织建设的同时，开始改变农村工作队的组织和工作方式，注重培养"群众领袖"。

延安时期选派工作队的一个典型例子是，1942—1943年张闻天率"延安农村工作调查团"到陕北、晋西北农村开展经济、政治、文化等方面调研。他们广泛接触群众、了解群众，在实践中检验党的方针政策。一年多的调研，工作团受到了当地群众的爱戴和尊敬，密切了党群关系。在此期间，张闻天还完成多部调研报告，其中《米脂县杨家沟调查》整理了杨家沟地主集团近一百年租佃关系账簿，为边区政府制定正确的经济政策和策略奠定了基础。

（三）解放战争时期

抗日战争结束后，中共中央提出"向北发展、向南防御"战略方针。1945年8月底开始，中共中央先后派出2万名干部和11万人的部队迅速开往东北。12月28日，中共中央向东北局发出《建立巩固的东北根据地》的指示，强调党当时在东北的任务是建立根据地，工作重心是群众工作。根据党中央指示，东北局派出大批干部深入离国民党占领中心较远的城市和广大乡村，发动群众特别是农民群众，开展减租减息和生产运动，建立地方武装和人民政权，很快在广大地区建立起根据地。

解放战争后期特别是三大战役胜利后，党的领导人尤其是毛泽东认识到，严重的战争时期已经过去，共产党面临的新任务是如何"接收并管理大城市"，并且"除城市外，还有广大乡村的工作要你们（军队干部和战士们）去做"。人民军队的主要任务应该由革命斗争转到城市管理和农村工作上来。基于此，毛泽东及时提出，"军队不但是一个战斗队，而且主要地是一个工作队"。毛泽东《在中国共产党第七届中央委员会第二次全体会议上的报告》中指出："人民解放军永远是一个战斗队"，同时更为主要的是，"人民解放军又是一个工作队，特别是……随着战斗的逐步地减少，工作队的作用就增加了"，还"有一种可能的情况，即在不要很久的时间之内，将要使人民解放军全部地转化为工作队……我们必须准备把二百一十万野战军全部地化为工作队"。

1947年《中国土地法大纲（草案）》颁布后，各解放区从各级党、政、军机关抽调大批人员组成工作组深入农村开展工作。当年11—12月，一个以土地改革为中心的群众运动，在陕甘宁、晋绥、晋察冀、晋冀鲁豫、华东等老解放区，东北等半老解放区，鄂豫皖、豫皖苏、豫陕鄂、江汉、桐柏等新解放区广泛开展起来。轰轰烈烈的土地改革运动，击溃了延续几千年的封建土地制度，使亿万农民在政治上、经济上获得解放，进而迸发出巨大革命热情。他们踊跃参军参战，积极担负解放战争后勤补给任务，以粮草、被服等物资支援人民解放军，为夺取革命胜利提供了源源不断的支持。

二、社会主义革命和建设时期的农村工作队

新中国成立以后，我国进入社会主义革命和建设时期，党面临的主要任务是实现新民主主义向社会主义的转变，推进社会主义革命和建设。首先是对农业、手工业和资本主义工商业进行社会主义改造，确立中国社会主义经济制度和与之相应的政治社会制度。随后是对广大干部和群众开展了社会主义教育运动，推进社会主义建设。在这个过程中，党坚持群众路线，派遣农村工作队，深入群众，发动群众，依靠群众，汇聚形成社会主义革命和建设的时代洪流。

（一）社会主义革命时期

1949年中华人民共和国成立，广大农民翻身做了主人，但当时全国还有三分之二的地区存在封建土地制度。在拥有2.9亿农业人口的华东、中南、西南、西北等新解放区和待解放区，封建土地所有制仍然严重制约着生产力的发展。1950年6月30日，《中华人民共和国土地改革法》颁布实施，确定了废除地主阶级封建剥削土地所有制、实行农民土地所有制的政策制度。为贯彻落实这项法规，中央和地方各级党委政府抽调大批干部组建土改工作队。他们通过集中培训等形式，认真学习土地改革的政策法规、工作方法，然后分期分批深入农村开展土地改革工作。新中国成立后实行土地改革的三年中，每年参加土改工作队的人员均在30万以上。

各地土改工作队坚持群众路线，深入到农户特别是贫雇农家

中，帮助他们了解新中国成立前后农民地位的变化，提高政治觉悟，认识土地制度改革对农村经济发展和巩固人民政权的重要性。在广泛宣传发动的基础上，土改工作队引导农民积极分子和农村各方面代表人物建立健全农民协会，使之成为当地土地改革的执行机构和农村发展的组织力量，先是完成土地改革任务，进而推进新型土地制度下的农业生产活动，很快便在农村掀起恢复和发展生产的热潮。

土改工作队广泛宣传党和国家的政策，将中央政策直接带到偏僻、贫困的乡村；依靠群众，发动群众，引导推进广大农民积极投身土地改革和农业生产；培养农民积极分子，支持建立农村基层党组织和农民协会，使之成为新的乡村领导力量。历史表明，土地改革彻底摧毁了在我国存在两千多年的封建土地剥削制度，极大解放了农村生产力，农产品产量快速增加，农民生活明显改善，为密切党群关系、巩固新生政权、促进经济发展、推动工业化奠定了基础。

（二）社会主义建设时期

1956年，我国基本完成对生产资料私有制的社会主义改造，实现生产资料公有制和按劳分配，进入到社会主义建设时期。国家发展的中心任务转变为巩固社会主义制度和探索社会主义建设道路，面临的根本挑战是底子薄、基础弱的问题。就农村来说，一方面，国家力图通过加快农业发展、增加农业积累为快速推进工业化及提升综合国力提供支撑；另一方面，农业本身还很脆弱，农村基础设施普遍落后，农民收入与生活仍处于较低水平，农村贫穷落后的矛盾比较突出。特别是偏远山区和一些自然灾害频发的乡村，基础条件差，交通不便，温饱问题得不到解决，农民处于绝对贫困状态。为了解决这些问题，中央继续向广大农村派驻工作队，推动加强党对广大农村的领导，推进农村基层组织建设和农业生产，保障社会主义事业。

大量派驻到乡村的优秀干部和青年人才，同当地农民同甘共苦，积极投身农村发展实践，为探索社会主义建设道路做出贡献。首先，农村工作队按照党中央决策部署，广泛开展社会主义教育，提高了农民群众和基层干部的社会主义觉悟，坚定了广大农民走社会主义道路的信心。其次，驻村工作队积极传播科学文化知识，投身农村教育、卫生事业和农业技术推广，为建立起覆盖广大农村的教育、卫生与农业科技等方面公共服务体系做出突出贡献。最后，驻村工作队聚焦村庄贫困问题，探索通过改善交通、兴修水利、改良土壤、改进耕作等途径改善农村生产条件，促进农业生产力发展和减缓贫困，巩固了农村稳定的经济社会基础。

总的来看，社会主义建设时期的农村工作队带有鲜明的时代特色，他们注重政治性，依靠政治动员发动群众配合党的中心工作；他们吃住在农民家里，与农民群众建立起深厚感情和密切联系；他们识大体顾大局，舍小家顾大家，为了党和国家事业及广大农民群众的利益默默奉献。这个时期，除各级组织选派的工作队外，也涌现了不少像甘祖昌、龚全珍那样甘愿回到家乡开展驻村帮扶的人，他们的无私奉献精神和帮扶家乡发展感人事迹，为驻村帮扶工作赋予了新内涵。

甘祖昌　龚全珍：扎根农村 一心为民

甘祖昌，1927年加入中国共产党，1928年参加中国工农红军，革命足迹遍布大半个中国，为党和人民的事业出生入死、数次负伤。1955年被授予少将军衔。1957年，甘祖昌因公受伤，伤愈后谢绝组织安排，带领全家老少回到家乡江西省莲花县沿背村当农民。他对妻子龚全珍说："比起那些为革命牺牲的老战友，我的贡献太少了，组织上给我的荣誉和地位太高了！"回乡后，甘祖昌带领坊楼群众开沟排水、兴建水库。当时，甘祖昌每月工资330元，生活上十分节俭，却把2/3的工资用来修水利、建校舍、扶贫济困。他参与建起了3座水库、4座水电站、3条公路、12座桥梁、25公里长的渠道。1986年3月28日，甘祖昌逝世，终年81岁。

龚全珍与甘祖昌相濡以沫几十载，龚全珍也将自己全部的爱和热情投入到这片红色的土地，在乡村教师岗位上几十年如一日，兢兢业业、教书育人。2003年，离开教育岗位的龚全珍，加入了莲花县县镇两级的老干部宣讲团。"我始终坚信，跟着共产党走人生才有意义，我也有决心跟党走到底，为共产主义奋斗终生！"龚全珍这样阐述自己的初心。

三、改革开放和社会主义现代化建设时期的农村工作队

1978年党的十一届三中全会之后，中国进入改革开放和社会主义现代化建设新时期。党明确了中国社会的主要矛盾是人民日益增长的物质文化需要同落后的社会生产之间的矛盾。党和国家的工作中心从"以阶级斗争为纲"调整为"以经济建设为中心"，提出了建设小康社会和社会主义现代化国家的奋斗目标。改革首先从农村实行家庭联产承包责任制开始，之后逐步向城市经济体制改革全面铺开，国民经济开始步入发展快车道，城乡居民收入水平和生活质量稳步提升。与此同时，发展过程中的一些新问题特别是"三农"问题也逐渐凸显出来。1984年9月29日，中共中央、国务院印发《关于帮助贫困地区尽快改变面貌的通知》，号召相关部委和地方各级党委、政府积极参与扶贫事业。此后，一些地方开始探索选派干部到贫困地区开展科技、教育以及经济发展等方面的帮扶工作，拉开了干部驻村帮扶推动农村建设与发展的帷幕。

（一）地方党委和政府派驻工作队的实践探索

地方党委、政府派驻驻村工作队的实践主要结合各省农村工作实际展开，具有明显的自主探索色彩。一方面，各地选派干部驻村的范围和力度存在一定的差异性。有的省份选派驻村干部的力度较大，不仅设计了完善的选派管理考核制度，而且派驻规模较大；有的省份则存在制度不健全、执行力度不强等情况。另一方面，尽管

很多省份向贫困地区农村派出驻村干部，这些干部投身于村庄的扶贫、建设与发展之中，工作内容包括农村基层组织建设、经济发展以及扶贫开发等诸多方面，但不同省份在基层组织建设、新农村建设以及农村扶贫等方面各有侧重，派驻干部在具体工作实践中也会带有自身对驻村工作的理解和认识。

广西社会主义新农村建设指导员正在研究工作

　　总体来看，改革开放和社会主义现代化建设时期的驻村帮扶重点围绕"三农"工作以及解决贫困问题展开，取得了很多成果，呈现出福建省的"南平经验"、安徽省的驻村"第一书记"以及广西壮族自治区的社会主义新农村建设指导员等独具特色的地方实践。党政机关和事业单位选派干部开展驻村工作，不仅有利于解决广大农村地区的"三农"及贫困问题，推动农村地区的经济社会建设与发展，使包括贫困人口在内的农民群众获得了可持续发展的能力，而且还有利于使干部体察国情民意，锻炼自身素质能力，在实践中加强干部队伍建设、密切党群干群关系、巩固党在农村的执政地位。

（二）驻村帮扶典型经验：福建"南平经验"

改革开放之初，福建省立即响应党中央和国务院号召向乡村派出扶贫工作队。1986—1988年，福建从省直机关选派了3批共1707名干部参加扶贫工作队，到11个贫困县进行帮扶。与此同时，福建省各地、市、县也相应派出扶贫工作队下乡，每年在扶贫第一线的干部达1万多名。1998年11月，南平市委、市政府组织开展"千人大调研"活动，在市、县、乡三级领导干部3000人调研基础上，结合南平农业科技推广网络残缺的问题，探索建立科技特派员制度。之后，又结合基层组织薄弱、农业产业结构不合理以及农产品买卖难等问题，探索建立向农村派驻村党支部书记、乡镇流通助理制度。

南平市通过向农村派驻科技特派员、村党支部书记和乡镇流通助理这三支队伍，初步形成了向农村下派干部的工作机制。一是科技特派员队伍。应农村的科技兴农需求，1992年南平市委和市政府选派首批225名农业科技人员，派驻至215个行政村担任科技特派员，这些科技特派员主要来自市、县两级涉农部门、农业科学院以及部分乡镇农技站。科技特派员任职时间一般为1年，每位科技特派员通常只负责一个村庄的工作，也有少数基于产业和产品生产需求，负责跨村、跨乡镇甚至跨县（市、区）指导产业发展的情形。二是村党支部书记队伍。针对南平市"三农"问题，南平市委、市政府从2000年开始，从市、县、乡三级党政机关和事业单位中选派优秀后备干部到问题较多的村，经选举等程序担任党支部书记主要承担为农村基层"找好一条路子、建好一个机制、带好一个班子、打好一个基础"的任务，任期为3年。三是乡镇流通助理队伍。针对农产品卖难这一流通领域的突出问题，2001年南平市委、市政府从机关抽调107名有营销经验的党政机关干部派驻乡镇担任流通助理一职，主要职责是把分散的农村经纪人队伍组织起来，基于产品或产业形成区域性的农产品流通组织或专业协会，推动营销方式现代化转型，畅通和拓展销售渠道，化解农产品"卖难"问题。

2002年，时任福建省省长的习近平同志到南平调研，充分肯定了南平市向农村下派科技特派员、村党支部书记和乡镇流通助理的做法。同年，习近平同志在《求是》杂志发表《努力创新农村工作机制——福建省南平市向农村选派干部的调查与思考》的署名文章，指出向农村选派干部的做法是"市场经济条件下创新农村工作机制的有益探索""密切了党群干群关系，巩固了党在农村的执政地位"；"提高了农村基层党组织驾驭农村市场经济的能力，促进了农村经济发展和农民增收"；"有效提高了广大农民的科技素质，切实将农业科技转化成了先进生产力"；"加强了农村精神文明建设，促进了农村社会的稳定";"培养、锻炼了干部,在干部队伍中形成了正确的用人导向";"促进了机关和行业作风建设,优化了经济发展的软环境"。[1]

(三)驻村帮扶典型经验:安徽省驻村"第一书记"

21世纪初,在"三个代表"重要思想学习教育活动中,安徽省委发现一些经济工作落后的贫困村、后进村成为制约全省农村经济全面发展和农村基层组织建设的"瓶颈",关键原因在于这些村庄缺乏一批素质高、能力强的"领头雁",致使农村基层党组织的核心作用得不到有效发挥。

为了解决这一突出问题,2001年4月,安徽省委、省政府决定从全省各级党政机关和事业单位选派年轻党员干部到贫困村、后进村担任村党支部书记或第一书记,首批选派3000名。安徽省对选派干部的条件要求是:政治素质好,群众观念强,热爱农村基层工作,有一定的理论素养和政策水平,年龄在35岁以下、有大专学历和3年以上工作经历。与此同时,安徽省还注重对选派驻村干部的监督与管理,出台了《关于建立安徽省选派干部到村任职工作联席会议制度的通知》《安徽省选派到村任职干部管理暂行办法》等一系列政策文件,推进选派干部工作的体制机制建设。由于首批选派驻村干部工作成效显著,2004年安徽省又将选派驻村干部范围扩大到省、市、县党政群机关、全额拨款事业单位、高等学校和中央

---

[1] 习近平:《努力创新农村工作机制——福建省南平市向农村选派干部的调查与思考》,《求是》2002年第16期。

驻皖单位，派驻的人数扩大到6000名。之后，安徽省按照每届三年任期的标准持续选派驻村干部。2001年4月至2011年4月，安徽省分批从省、市、县党政机关和事业单位，累计选派了1.4万名年轻优秀干部到农村担任村党支部书记或第一书记。党的十八大之前，安徽省共选派了5批优秀年轻干部到农村任职。

　安徽省选派驻村干部工作规范化程度高，驻村干部宣传发动、报名推荐、确定人选、岗前培训以及下派到任等程序流程较为规范严格。为了确保选派干部能够适应工作岗位和环境，安徽省还以各地党校为培训基地，采取集中办班的方式进行岗前培训。基于后进村、贫困村基层组织薄弱、工作制度不健全以及党员带头作用不明显等问题较为突出的情形，安徽省将加强农村基层组织建设作为首要任务来抓，以基层组织建设为抓手，推进农村经济发展和农民增收。2001年4月至2011年4月，安徽省选派驻村干部的村庄村级组织结构得到优化，干部素质和能力得到增强，新发展党员6.2万多人，培养入党积极分子16.6万多人，为农村基层党组织储备了后备干部。同时，创办了3300多个农民专业协会或合作社，探索形成了"合作社+基地+农户"的产业发展和农民增收模式；通过争取政府项目、争取选派单位和社会支持，累计协调投入资金31.4万元，发展经济项目1.9万多个。除此之外，安徽省干部驻村帮扶实践还炼就了一大批"三农"工作人才，加深了广大干部与农民群众的深情厚谊，涌现出一大批驻村帮扶先进典型人物。

（四）驻村帮扶典型经验：广西社会主义新农村建设指导员

党的十六届六中全会提出按照"生产发展、生活宽裕、乡风文明、村容整洁、管理民主"要求扎实推进社会主义新农村建设的任务。2007年，广西壮族自治区为进一步转变机关干部作风，扎实推进社会主义新农村建设，在出台《关于进一步加强各级机关和干部队伍作风建设的实施意见》的基础上，出台了《关于选派万名干部驻村担任社会主义新农村建设指导员的意见》和《社会主义新农村建设指导员暂行管理办法》，决定从区、市、县、乡四级机关和单位选派干部到农村担任社会主义新农村建设指导员。

广西壮族自治区通过自治区、市、县、乡"四级联动"，向全区14363个行政村派驻1名县以上机关和单位的干部开展驻村工作，要求单位包村一定五年，其间换人不换点。同时，乡镇也向每个行政村派1名以上干部驻村。全区每年选派约3万名的新农村建设指导员开展驻村工作，按照"乡为基础、县为单位、区市统筹、部门协助"的原则对新农村建设指导员进行管理，各级组织部门会同基层办、新农村办、扶贫办统一协调，各派出单位给予配合。同时，以县（市、区）为单位编成工作队，乡镇设工作组，与当地组织部门、基层办共同负责新农村建设指导员的日常管理和服务。县（市、区）工作队队长由副处级以上党员干部担任。新农村建设指导员任期为1年，每月驻村工作时间，县以上机关选派人员不得少于15天，乡镇一级选派人员不得少于10天。

社会主义新农村建设指导员的职责任务是：根据加强"三农"

工作、推进社会主义新农村建设的部署，按照"生产发展、生活宽裕、乡风文明、村容整洁、管理民主"的要求，落实包村责任，积极配合协助所驻村党组织和村委会开展工作，帮助推进所驻村经济社会发展，当好方针政策的宣传员、经济发展的服务员、社情民意的调研员、矛盾纠纷的调解员和基层组织建设的督导员。同时，新农村建设指导员也可以根据驻村实际情况，创造性开展工作。在管理制度方面，广西壮族自治区制定了针对新农村建设指导员的教育培训制度、工作例会制度、指导员工作汇报制度、巡视督查制度、重大事项报告制度、请销假、休假制度以及《驻村日记》管理制度。在激励约束方面，新农村建设指导员在驻村期间，不转行政关系，编制保留在原单位，职务、职级保持不变，享受正常的工资、奖金、福利等待遇，不影响正常的工资调整和职称评定。同时，各级财政和派出单位根据当地条件在经费、人力以及物力等方面予以保障，并按规定给予生活、交通、通讯等补助。在驻村期满时，由各县党委组织部和县工作队进行年度考核，按一定比例评定档次，考核结果存入个人档案。考核评优不占单位指标，并作为后期培养和提拔的重要依据。工作期间不称职者，根据严重程度，给予批评教育、责令整改，直至撤换。工作期间被撤换，或年度考核不称职者，对派出单位会进行通报批评。

　　广西壮族自治区新农村建设指导员驻村工作在促进党和国家方针政策在农村贯彻落实、推动农村基层党组织建设、加快农业发展和农民增收、化解农村矛盾纠纷等方面取得明显实效，使社会主义新农村建设落到了实处。

四、驻村帮扶的历史经验及启示

向农村基层派驻工作队，依靠群众、发动农民，是中国共产党农村工作的优良传统和宝贵经验。在新民主主义革命时期，通过派驻农村工作队，动员了广大农民群众参加革命，帮助受压迫的农民翻身得解放；在社会主义革命和建设时期，大量干部下沉基层，了解农民的需求，解决群众发展生产中的困难，密切联系群众，加强了党在农村的领导作用。改革开放以后，驻村帮扶制度不断发展完善，许多觉悟高、能力强的干部被派驻到乡村特别是贫困落后村庄，给农民带去急需的技术、资金和市场信息，并与农民一起寻找新的发展思路，完善乡村治理。他们想农民之所想，急农民之所急，是促进农村发展的重要力量。总的来看，向农村派驻工作队是党在各个历史时期抓紧抓好农村工作的重要机制，在历史实践中创造积累了具有时代启示的丰富经验：

（一）驻村帮扶是加强党对农村基层工作领导的重要机制。加强党的领导既是向农村派驻工作队的目的，也是农村工作队在基层开展工作的保障。无论是在战争年代还是在社会主义革命与建设时期，农村工作队都是在党的领导下，以完成党的中心工作任务为目标。在向农村派驻工作队的同时，党也会建立对农村工作队的领导体系，有力保障了农村工作队员能够准确及时领会党的政策和决策部署，保障了对农村工作队日常工作的管理和指导。驻村帮扶往往是任务式的、阶段性的，在中心工作完成以后，驻村工作队就会撤离。要使农村工作队的工作不断档、成效可持续，要保障乡村稳定发展，健全农村基层党组织是关键。在深入农村的具体工作中，农村工作队在接受基层党组织领导和指导的前提下，也推动健全了党的基层组织、加强了党对农村工作的领导。

（二）始终坚定不移依靠群众、贯彻党的群众路线是驻村帮扶的根本原则。从群众中来，到群众中去，是农村工作队开展农村工作的基本原则。农村工作队在实际工作中，把维护和发展农民的利益作为根本目标，为此，农村工作队要深入群众，与农民打成一片，倾听群众的意见和呼声，取得群众的信任和支持。农民最了解当地的实际情况，最懂得农民的需求，也有不少解决当地问题的想法。农民的信任、支持和参与是开展农村工作的首要条件，没有他们的理解和支持，任何工作都无从取得真正的成功。驻村工作队要注重做群众工作，让广大农民行动起来。

（三）掌握好群众工作方法是做好驻村帮扶工作的关键。农村工作队每天都要与农民打交道，这就要求在学习和实践中掌握一套行之有效的工作方法。农民大多重视实际效果，农村工作队要想获得群众信任，就要在工作中做出让群众满意的成绩，切忌官僚主义和形式主义。要以身作则，取得群众的信任和拥护，发挥农村积极分子的作用。农民接受新事物的能力存在差异，有些接受较快，有些接受较慢，这就需要在工作中分清轻重缓急，让那些积极分子率先行动起来，通过率先示范带动其他农民。要坚持公开透明，通过群众大会、张榜公布等方式让农民了解农村工作特别是同农民利益密切相关的工作，通过宣传宣讲等方式让农民明白党和国家的相关政策。农民理解了，参与的积极性也就调动起来了。

（四）创造性开展工作是提高驻村帮扶效果的重要法宝。农村工作复杂多样，每个村都有自己的小环境，面临这样那样的困难或问题，暗藏着这样那样的矛盾，有着这样那样的需求。除了一般性的工作方法，农村工作队还必须坚持从实际出发，在做好调查研究、准确把握村庄实际的基础上，发挥每一个队员的积极性创造性，主动开展工作，做出实绩，做出成效。要防止教条主义（亦称"本本主义"），防止简单等待上级指示和机械执行上级指示，切实做到将上级统一要求与村庄具体实际有机结合，以创造性贯彻执行将党和国家决策部署和政策措施落到实处、落到点上。

参考文献

［1］中共中央党史研究室：《中国共产党历史（第一卷）》，中共党史出版社2011年版。

［2］中共中央党史研究室：《中国共产党历史（第二卷）》，中共党史出版社2011年版。

［3］有林、郑新立、王瑞璞主编：《中华人民共和国国史通鉴（第一卷）1949~1956》，红旗出版社1993年版。

［4］刘金海：《工作队：当代中国农村工作的特殊组织及形式》，《中共党史研究》2012年第12期。

［5］王连生：《建国以来中国共产党派驻农村工作队的理论与实践》，《南阳师范学院学报（社会科学版）》2004年第5期。

［6］张素华：《60年代的社会主义教育运动》，《当代中国史研究》2001年第1期。

第三章 驻村帮扶乡村振兴的工作重点

【导语】

驻村帮扶的目标是推动全面实施乡村振兴战略，一方面，驻村帮扶要覆盖五个振兴。另一方面，驻村帮扶要根据不同地区的特点和需求，以及自身的能力和优势，有重点地开展帮扶工作。驻村帮扶首先要关注的是加强基层党组织建设，完善党的领导；其次要发展产业，让农民增加收入，见到实惠；在此基础上，还要推动乡村的法治和德治建设，完善村庄的治理结构；要能够为群众着想，切实解决群众面临的困难，帮扶群众化解矛盾，为民做实事。

驻村帮扶在脱贫攻坚期间发挥了重要作用，促进实现扶贫资源"精准滴灌"，体现了我国政治制度的优越性。脱贫摘帽不是终点，而是新生活、新奋斗的起点。2021年2月，习近平总书记在全国脱贫攻坚总结表彰大会上指出："我们要切实做好巩固拓展脱贫攻坚成果同乡村振兴有效衔接各项工作，让脱贫基础更加稳固、成效更可持续。……要坚持和完善驻村第一书记和工作队、东西部协作、对口支援、社会帮扶等制度，并根据形势和任务变化进行完善。"①巩固拓展脱贫攻坚成果，接续推进乡村全面振兴，持续管好用好驻村帮扶工作队是各级党委、政府的重要任务。在脱贫攻坚战全面胜利后，"三农"工作重心历史性转移到全面推进乡村振兴。2021年5月，为深入贯彻落实党中央有关决策部署，总结运用打赢脱贫攻坚战选派驻村第一书记和工作队的重要经验，在全面建设社会主义现代化国家新征程中全面推进乡村振兴，巩固拓展脱贫攻坚成果，把乡村振兴作为培养锻炼干部的广阔舞台，中共中央办公厅印发了《关于向重点乡村持续选派驻村第一书记和工作队的意见》，对脱贫村、易地扶贫搬迁安置村（社区），继续选派第一书记和工作队，健全常态化驻村工作机制，为全面推进乡村振兴、巩固拓展脱贫攻坚成果提供坚强组织保证和干部人才支持。该意见进一步明确了驻村帮扶推进乡村振兴的工作重点。

一、建强村党组织

党的基层组织是党全部工作和战斗力的基础，是落实村庄推进乡村振兴的组织核心。建强村级党组织有利于促进党的路线方针政策落地见效，有助于加强党对乡村振兴的全面领导。

（一）加强学习、提升认识水平

乡村振兴是实现中华民族伟大复兴的重大任务。习近平总书记

---

① 习近平：《在全国脱贫攻坚总结表彰大会上的讲话》（2021年2月25日），《人民日报》2021年2月26日，第2版。

在中央农村工作会议上强调："脱贫攻坚取得胜利后，要全面推进乡村振兴，这是'三农'工作重心的历史性转移。"[①]全面推进乡村振兴落地见效，要加快发展乡村产业，加强社会主义精神文明建设，加强农村生态文明建设，深化农村改革，实施乡村建设行动，推动城乡融合发展见实效，加强和改进乡村治理。

1.学习习近平总书记关于加快发展乡村产业的论述

2018年4月11日至13日，习近平总书记在海南考察时强调："乡村振兴，关键是产业要振兴。要鼓励和扶持农民群众立足本地资源发展特色农业、乡村旅游、庭院经济，多渠道增加农民收入。"[②]2020年5月11日至12日，习近平在山西考察时强调："要加强易地搬迁后续扶持，因地制宜发展乡村产业，精心选择产业项目，确保成功率和可持续发展。要把群众受益摆在突出位置，从产业扶持、金融信贷、农业保险等方面出台政策，为农村经济发展提供有力支持。"[③]2020年12月28日至29日，习近平在中央农村工作会议上强调："要加快发展乡村产业，顺应产业发展规律，立足当地特色资源，推动乡村产业发展壮大，优化产业布局，完善利益联结

[①]《习近平在中央农村工作会议上强调 坚持把解决好"三农"问题作为全党工作重中之重 促进农业高质高效乡村宜居宜业农民富裕富足 李克强主持 栗战书汪洋王沪宁赵乐际韩正出席》，2020年12月29日，新华网。

[②]《关于乡村振兴，总书记这样强调》，2021年3月11日，求是网。

[③]《习近平在山西考察时强调 全面建成小康社会 乘势而上书写新时代中国特色社会主义新篇章》，2020年5月12日，中华人民共和国中央人民政府门户网站。

机制，让农民更多分享产业增值收益。"①

驻村帮扶干部要组织本村党员干部认真学习习近平总书记关于加快发展乡村产业的重要论述。深刻领会乡村产业在乡村振兴的关键作用。让村庄的党员干部和群众都能充分认识乡村产业在乡村振兴中的重要性，深刻理解发展乡村产业既要立足本地资源发展特色优势产业，因地制宜，精心选择产业项目；又要顺应产业发展规律，确保成功率和可持续发展；还要完善利益联结机制，让农民群众更多分享产业增值收益，促进农民共同富裕。

2. 学习习近平总书记关于社会主义精神文明建设重要论述

2017年12月12日至13日，习近平在江苏徐州市考察时强调："农村精神文明建设很重要，物质变精神、精神变物质是辩证法的观点，实施乡村振兴战略要物质文明和精神文明一起抓，特别要注重提升农民精神风貌。"②2018年3月8日，习近平参加十三届全国人大一次会议山东代表团审议时强调："要推动乡村文化振兴，加强农村思想道德建设和公共文化建设，以社会主义核心价值观为引领，深入挖掘优秀传统农耕文化蕴含的思想观念、人文精神、道德规范，培育挖掘乡土文化人才，弘扬主旋律和社会正气，培育文明乡风、良好家风、淳朴民风，改善农民精神风貌，提高乡村社会文

---

① 《习近平在中央农村工作会议上强调 坚持把解决好"三农"问题作为全党工作重中之重 促进农业高质高效乡村宜居宜业农民富裕富足 李克强主持 栗战书汪洋王沪宁赵乐际韩正出席》，2020年12月29日，新华网。

② 《习近平谈乡村振兴的五个路径》，2019年5月30日，求是网。

明程度，焕发乡村文明新气象。"①2020年12月28日至29日，习近平在中央农村工作会议上强调："要加强社会主义精神文明建设，加强农村思想道德建设，弘扬和践行社会主义核心价值观，普及科学知识，推进农村移风易俗，推动形成文明乡风、良好家风、淳朴民风。"②

驻村帮扶干部要组织本村党员干部认真学习习近平总书记关于加强农村社会主义精神文明建设的重要论述，深刻领会乡村振兴中精神文明和物质文明的辩证关系。让村庄的党员干部和群众认识到推动乡村文化振兴，既要加强农村思想道德建设，也要积极推动公共文化建设；既要挖掘优秀传统农耕文化丰富内涵，也要弘扬和践行社会主义核心价值观，普及科学知识，推进农村移风易俗。

3. 学习习近平总书记关于加强农村生态文明建设的重要论述

2015年1月19日至21日，习近平在云南考察工作时强调："新农村建设一定要走符合农村实际的路子，遵循乡村自身发展规律，充分体现农村特点，注意乡土味道，保留乡村风貌，留得住青山绿水，记得住乡愁。"③2020年3月29日至4月1日，习近平在浙江考察时强调："希望乡亲们坚定走可持续发展之路，在保护好生态前提下，积极发展多种经营，把生态效益更好转化为经济效益、社

---

① 《【习近平两会时刻】习近平参加山东代表团审议》，2018年3月9日，央广网。

② 《习近平在中央农村工作会议上强调 坚持把解决好"三农"问题作为全党工作重中之重 促进农业高质高效乡村宜居宜业农民富裕富足 李克强主持 栗战书汪洋王沪宁赵乐际韩正出席》，2020年12月29日，新华网。

③ 《习近平考察云南：坚决打好扶贫开发攻坚战》，2015年1月21日，人民网。

会效益。"①2020年12月28日至29日，习近平在中央农村工作会议上强调："要加强农村生态文明建设，保持战略定力，以钉钉子精神推进农业面源污染防治，加强土壤污染、地下水超采、水土流失等治理和修复。"②

驻村帮扶干部要组织本村党员干部认真学习习近平总书记关于加强农村生态文明建设的重要论述，深刻领会习近平总书记"既要绿水青山又要金山银山""绿水青山就是金山银山"的理念。让村庄的党员干部和群众认识到农村生态文明建设，既要充分体现农村的特点，保留新村风貌，加强生态修复和治理农业污染，留得住青山绿水，也要在保护好生态环境的前提下，把生态效益更好地转化为经济效益和社会效益。

4. 学习习近平总书记关于实施乡村建设行动的重要论述

2018年4月，习近平作出重要指示强调："浙江省15年间久久为功，扎实推进'千村示范、万村整治'工程，造就了万千美丽乡村，取得了显著成效。农村环境整治这个事，不管是发达地区还是欠发达地区都要搞，但标准可以有高有低。要结合实施农村人居环境整治三年行动计划和乡村振兴战略，进一步推广浙江好的经验做法，因地制宜、精准施策，不搞'政绩工程''形象工程'，一件事情接着一件事情办，一年接着一年干，建设好生态宜居的美丽乡

---

① 《习近平在浙江考察时强调 统筹推进疫情防控和经济社会发展工作 奋力实现今年经济社会发展目标任务》，2020年4月1日，新华网。

② 《习近平在中央农村工作会议上强调 坚持把解决好"三农"问题作为全党工作重中之重 促进农业高质高效乡村宜居宜业农民富裕富足 李克强主持 栗战书汪洋王沪宁赵乐际韩正出席》，2020年12月29日，新华网。

村，让广大农民在乡村振兴中有更多获得感、幸福感。"①2020年12月28日至29日，习近平在中央农村工作会议上强调："要实施乡村建设行动，继续把公共基础设施建设的重点放在农村，在推进城乡基本公共服务均等化上持续发力，注重加强普惠性、兜底性、基础性民生建设。要接续推进农村人居环境整治提升行动，重点抓好改厕和污水、垃圾处理。要合理确定村庄布局分类，注重保护传统村落和乡村特色风貌，加强分类指导。"②

驻村帮扶干部要组织本村党员干部认真学习习近平总书记关于实施乡村建设行动的重要论述，深刻领悟乡村建设行动的原则和基本要求，杜绝搞"政绩工程""形象工程"。促使村级党员干部和群众自觉投入到以改厕和污水、垃圾处理为重点的乡村建设之中。

5. 学习习近平总书记关于乡村治理重要论述

2019年3月8日，习近平参加十三届全国人大二次会议河南代表团审议时强调："要夯实乡村治理这个根基。采取切实有效措施，强化农村基层党组织领导作用，选好配强农村党组织书记，整顿软弱涣散村党组织，深化村民自治实践，加强村级权力有效监督。"③ 2020年12月28日至29日，习近平在中央农村工作会议上强调："要加强和改进乡村治理，加快构建党组织领导的乡村治理体

---

① 《全面实施乡村振兴战略，习近平提出七个方面要求》，2021年1月8日，中国新闻网。

② 《习近平在中央农村工作会议上强调 坚持把解决好"三农"问题作为全党工作重中之重 促进农业高质高效乡村宜居宜业农民富裕富足 李克强主持 栗战书汪洋王沪宁赵乐际韩正出席》，2020年12月29日，新华网。

③ 《全面实施乡村振兴战略，习近平提出七个方面要求》，2021年1月8日，中国新闻网。

系，深入推进平安乡村建设，创新乡村治理方式，提高乡村善治水平。"[1]

驻村帮扶干部要组织本村党员干部认真学习习近平总书记关于加强和改进乡村治理的重要论述，深刻领会加快构建党组织领导的乡村治理体系的重要意义和基本要求，激发村党员干部和群众改进乡村治理的积极性、主动性、创造性，合力推动乡村治理水平提升。

（二）推动村党支部标准化规范化建设

1. 加强农村党员管理标准化规范化

农村党员是党的路线方针政策在农村的执行者，是巩固拓展脱贫攻坚成果和全面推进乡村振兴的中坚力量。加强农村党员管理标准化规范化，是推动村党组织标准化规范化建设的重要举措，驻村帮扶干部围绕加强农村党员管理标准化规范化建设的重点工作包括五个方面。

一是促进完善基层党支部设置。驻村干部摸查清所在村的各级支部基本情况，采取"上提下分"工作方式，向上级党委申请将党员人数较多的党支部升格为党总支或党委，以自然村为单位，建立网格式的党支部或党小组，促进农村党组织结构更加合理，架构更加清晰，更符合完成乡村振兴工作任务的需要。

---

[1]《习近平在中央农村工作会议上强调 坚持把解决好"三农"问题作为全党工作重中之重 促进农业高质高效乡村宜居宜业农民富裕富足 李克强主持 栗战书汪洋王沪宁赵乐际韩正出席》，2020年12月29日，新华网。

二是协助村党组织开展党的组织生活。驻村帮扶干部贯彻落实党的组织生活制度，按照规定要求重点围绕巩固拓展脱贫攻坚成果和全面推进乡村振兴工作召开村级的党支部党员大会、支部委员会和党小组会等各类型组织生活会议。充分发扬好党内民主，加强党内监督，鼓励农村党员积极开展批评与自我批评，增强依靠村级党员干部自身力量解决巩固拓展脱贫攻坚成果和全面推进乡村振兴过程中出现的问题的能力。

三是协助吸收农村党员。驻村干部协助村党组织明确吸收党员的政治标准，指导村党组织按照发展党员的方针和程序来发展农村党员。严把入党政治关口，严格政治审查制度，从源头上保证农村党员队伍的先进性。按照党章规定的党员条件做好吸收优秀分子入党的工作，保证做好党员队伍建设。

四是坚持和完善民主评议党员制度。驻村帮扶干部按照管理党员基本要求，将农村党员置于党组织的管理监督之下，促进基层党员自觉地执行党的决议，自觉完成党组织分配的巩固拓展脱贫攻坚成果和乡村振兴方的工作任务。通过有计划有目的的经常性教育、管理和监督，帮助农村党员不断提高党性修养和参与乡村建设的能力。

五是严格遵守党的纪律。驻村干部帮助村党组织按照党章党规党纪和相关法律法规要求，加强村党组织对各级支部党员的纪律教育工作，加强对党员、年轻干部的教育引导，营造村党组织守纪律的组织氛围，并依照党的纪律处分条例对违纪违法党员做出处理，保证村党组织的良好运转和可持续发展。

广西武宣县桐岭镇和律村党员分类管理

2. 推动党内组织生活标准化规范化

推动党内组织生活标准化规范化是促进党员更好地发挥先锋模范作用的重要措施。驻村帮扶干部围绕推动党内组织生活标准化规范化的重点工作包括以下四个方面。

一是严格执行"三会一课"制度。驻村干部要坚持将"三会一课"制度作为严格党的组织生活的首要内容，做好重点围绕巩固拓展脱贫攻坚成果、全面推进乡村振兴等主题党日工作，把支部主题党日作为落实"三会一课"制度的重要载体，并依据实际采取各种形式开展主题党日活动，创新组织生活方式。驻村干部推动村党组织按要求落实党组织会的工作要求，如支部党员大会每季召开一次，支部委员会每月召开一次，党小组会每月召开一次。促进落实基层党组织每半年检查一次"三会一课"情况的监督制度。

二是严格执行民主生活会和组织生活会制度。驻村干部组织党员干部开好民主生活会和组织生活会，落实党委会和支部委员会两个层次的民主生活会，确保民主生活会要每半年召开一次的工作制度要求。驻村干部动员农村党员参与民主生活会和组织生活会，重点围绕巩固拓展脱贫攻坚成果、全面实施乡村振兴推动农村党员加强思想作风建设和支部问题整改，及时发现问题和解决问题。

三是严格执行谈心谈话制度。推动村党组织干部落实"三必谈"，有组织地开展谈心谈话活动。驻村干部要与基层党员开展有效交流，做到"带头谈"，加深对农村党员的了解，推动执行谈心谈话制度，及时与党员干部沟通思想、交流巩固脱贫成果等方面的工作经验、改进工作方式。

四是严格执行民主评议党员制度。驻村干部要督促村党组织落实每年对党员进行民主评议的要求，要求农村党员对照党章规定的党员标准等对照分析，强化党员意识和增强党性观念。引导村党组织将评议结果与党员评先树优、绩效考核、提拔使用等相结合，确保评议结果使用产生激励，激发组织活力。

3.推动服务保障机制标准化

推动服务保障机制标准化是促进村党组织有效发挥职能的重要保证，是村党组织顺利开展工作的基础。驻村帮扶干部围绕推动服务保障机制标准化的重点工作包括以下三个方面。

一是促进工作经费保障机制完善。驻村帮扶干部组织村干部积极争取上级经费，保障村党组织的工作经费。结合实际，与村干部共同讨论合理确定村办公经费和其他必要支出标准。完善工作经费的管理制度，严格实行专款专用，按照要求公开经费使用情况，接受群众监督。

二是促进规范村党组织阵地建设。促进规范建设党员活动室等党支部活动阵地。促进按照党建活动基地标准规范化建设，悬挂国旗，张贴党章，将组织架构、岗位职责、党内生活等基本制度上墙，配备必要的电化教育设备，不断改善党支部工作条件。

三是促进落实党费收缴规定。按照中共中央组织部印发的《关于中国共产党党费收缴、使用和管理的规定》开展工作。把党费工作作为党务公开的一项重要内容，定期公开党费收缴、使用和管理情况，加强对党费工作的管理与监督，做好党费的财务管理工作，推动基层党支部组织收缴自查，规划党费使用方向，做到收好、管好和用好党费。

（三）推动促进党员干部担当作为

1. 选好配齐村"两委"班子

村"两委"是农村治理的关键主体，也是将党和基层群众连接在一起的纽带，在乡村振兴中体现"领头羊"和"带头人"的地位。村"两委"的建设直接关乎农村治理的有效，也关乎党在农村执政基础的稳固。驻村帮扶干部要帮助选好配齐村"两委"班子的重点工作任务包括以下三个方面。

一是调整优化村"两委"的结构。驻村帮扶干部要积极走访，与群众沟通，努力把年富力强、文化素质高、热心村务，能够带领群众发展的优秀人才选进村"两委"班子。特别关注那些群众呼声高，得到群众广泛支持的干部，注重将他们吸纳到村"两委"班子中来，增强村"两委"班子的号召力和组织力。同注重从原村"两委"班子中提拔优秀党员担任村干部，推动村"两委"持续发展。要关注年轻干部和妇女干部，以优化村"两委"结构。

二是选好村"两委"班子带头人。驻村帮扶干部要严把选人标准，分析每名村干部的实际工作表现，发挥谈心谈话机制的作用，把坚持党的领导、政治站位高、遵守党章党纪党规、作风优良、具有带动能力，在村级富有号召力和影响力的干部选取为村"两委"带头人。驻村帮扶要坚持以选优配好党组书记作为工作的重点，选好村"两委"的带头人，确保村"两委"有人带领推进巩固拓展脱贫攻坚成果和乡村振兴。

三是促进落实村党支部书记和村主任实行"一肩挑"和村"两委"班子成员交叉任职。推动村民委员会主任和乡村党组织书记由一人同时担任，调节基层党组织和村民委员会的关系，提升乡村治理的效率，推动组织间关系和谐，提升村"两委"对农村基层事务的领导能力，提升组织威望，推动实现组织振兴，并确保巩固拓展脱贫攻坚成果、乡村振兴战略各项方针政策的落地。

2. 加强农村党员教育培训

加强农村党员教育培训工作，有助于提升农村党员素质和带头致富奔小康的能力，更好地发挥先锋模范作用。驻村帮扶干部围绕加强农村党员教育培训的重点工作任务包括以下三个方面。

一是帮助制定完善党员教育培训体系。制订党员教育培训的短期和长期计划，推进党员教育培训常态化。坚持村党组织主抓农村党员的教育培训工作，将党员教育经费预算列入村级预算，保障农村党员教育培训有相应的经费支持。同时要结合实际，充分利用乡镇基层党校、村党员活动室等场所开展巩固拓展脱贫攻坚成果、乡村振兴等主题教育活动。

二是探索农村党员教育新模式。积极推动网络化教育培训模式，将网课培训引入农村党员的教育培训，善于利用好网络载体创新加强党员教育培训方式。充分利用好各种电子信息平台，通过网络平台实现教育全覆盖，提高党员教育的时效性。推动"流动课堂"建设，组织教育力量入村入户开展巩固拓展脱贫成果、乡村振兴等内容的培训工作，提高培训的针对性。

三是完善教育培训激励机制。将党员教育培训列为考核指标，明确奖惩标准，建立党员评价指标。可重点围绕巩固拓展脱贫攻坚成果、乡村振兴等重点工作内容设立红黑榜制度，对考核优秀的农村党员上"红榜"，实行精神或者物质激励，对考核差的基层农村党员上"黑榜"，采取一定的惩罚措施，激发基层党员参与教育培训的积极性。

3. 加强培育村级后备力量

通过培育村级后备力量，是村级领导班子建立人才储备，解决村后继乏人问题的重要举措，也是村调整优化结构的需要。驻村帮扶干部围绕加强培育村级后备力量的重点工作包括以下方面。

一是协助村"两委"发展后备力量对象。开展优秀村民和优秀基层党员的摸排工作,重点从致富能手、返乡创业人员、大学毕业生、外出务工能人、退役军人等优秀农村青年中确定人选,积极把他们发展为党员,加强农村党员群体力量,确保后备干部力量数量稳定。

二是帮助提高后备力量的素质。定期对后备干部力量开展理论和实践的教育活动,有针对性地开展专业技能培训,提高后备干部力量在村级发展中的带动作用。有计划地吸纳后备力量参与村庄事务的管理,推动后备力量熟悉巩固拓展脱贫攻坚成果、乡村振兴战略政策,不断积累乡村治理工作经验。还可以通过外出考察和学习的形式提高后备力量的工作能力,努力把优秀后备干部培养成村"两委"干部。

三是规范对村级后备力量的管理。通过建立后备力量台账,开展谈心谈话汇报、围绕巩固拓展脱贫攻坚成果、乡村振兴等重点工作情况开展评价与考核,明确每名后备力量的个人情况和特点,评判其工作能力,做到及时剔除不合格的后备力量,并及时补充新的力量进入,推动后备力量质量的不断提高。

二、推进强村富民

脱贫地区推进乡村全面振兴核心任务是巩固拓展脱贫攻坚成果。驻村帮扶乡村振兴要协助做好防返贫监测和帮扶工作,落实脱贫村发展乡村特色产业各项政策,促进脱贫攻坚成果巩固提升,坚决守住不发生规模性返贫的底线。

（一）做好防返贫监测和精准帮扶

1. 做好常态化返贫监测

防止返贫致贫是巩固拓展脱贫攻坚成果的核心任务。驻村帮扶干部围绕做好常态化返贫监测的重点工作包括以下方面。

一是做好返贫风险农户的识别认定与管理工作。组织村"两委"干部按照政策要求和程序开展返贫农户纳入的各项工作。要重点关注三类人群，针对脱贫不稳定户，开展对其发展能力的监测。针对边缘易致贫户，开展对其发展能力和基本公共服务监测。针对严重困难户等其他农村家庭，开展对其自然灾害、突发事件、公共卫生等监测。确保能够及时、准确地监测到返贫风险点，识别出返贫风险农户，做好监测户信息更新工作，及时更新调整信息，实现返贫监测动态管理。

二是落实好走访排查的任务。把定期走访摸排作为一项常态化的工作制度继续落实，安排村"两委"干部和帮扶责任人每月定期走访结对帮扶户，做好帮扶记录，及时发现返贫监测户在生活上的困难以及动态，出现的就业、教育、医疗、住房和饮水等方面的问题，围绕"两不愁三保障"的底线标准开展排查活动，开展实时跟踪，做到全程跟进，确保对监测户情况的清楚把握。

2. 做好返贫人口精准帮扶

实现脱贫攻坚成功同乡村振兴的有效衔接，关键在于实现贫困人口的稳定脱贫，但是部分脱贫人口由于自身存在脆弱性等因素容易造成返贫，从而影响脱贫攻坚成果的巩固。驻村帮扶要做好返贫人口精准帮扶重点工作包括以下方面。

一是开展产业帮扶。针对有发展意愿且具有发展能力的返贫人口，通过培训增强其发展技能，帮助获取扶贫小额贷款，并组织动员龙头企业、专业合作社、贫困村创业致富带头人等带动该部分返贫人口发展农业产业，促进其增加收入和改善生计水平。

驻村帮扶干部协助村民发展平菇产业

二是开展就业帮扶。针对有劳动能力但不具备发展产业的返贫人口，要帮助其发展就业能力，争取劳动力转移技能培训机会，通过培训提高务工技能，通过村级服务平台，及时向返贫人口推送务工信息，帮助其实现务工就业。或利用发达地区对口帮扶的劳务协作机会，组织劳务输出，安排返贫人口外出到对口帮扶省份工厂务工，促进返贫人口实现稳定就业和增收。另外，对于无法外出务工的返贫人口，可通过设立村内公益性岗位，推动实现村内就业。

三是开展社保兜底保障帮扶。针对无劳动能力的返贫人口，如农村孤寡老人、五保户等，帮助他们落实低保政策和特困人员救助供养等保障措施，把符合条件的返贫人口全部纳入低保，确保应保尽保，发挥兜底政策的保障功能。

四是开展特殊情况救助帮扶。针对因病、因残、因灾等突发意外变故导致的返贫人口，帮助他们及时落实健康扶贫、残疾人、特殊群体救助扶贫政策和灾害临时救助政策，帮助他们保障基本生活。

（二）推动加快发展乡村产业

1. 推动发展脱贫村特色产业

驻村帮扶工作要实现强村富民，要重点围绕以加快农业农村现代化为目标，推动加快发展乡村产业。在具体落实上，驻村帮扶的工作包括以下五个方面。

一是协助做好村庄产业发展规划。立足帮扶村庄所在的地理区位条件、自然资源、发展传统与村庄劳动力实际情况等因素，通过外出考察、走访以及邀请行业专家开展分析，明确村庄发展产业类型的科学性及可行性，分析市场行情与需求，帮助选定发展的主导产业方向，并尽量选择新兴的优势产业，淘汰落后产业，推动村庄实现产业的优化升级。

二是争取和使用好产业发展资金。争取上级下达的财政专项扶贫资金和地方财政统筹整合的扶贫资金、后盾帮扶单位设置的帮扶资金以及社会帮扶资金，帮助产业发展资金实现有效落地，制定产业发展资金的使用规范，确保产业资金使用与产业发展项目任务相匹配，不出现偏差。利用产业发展资金做好产业基础设施建设，夯实村庄特色产业发展的基础。

广西贵港市平南县安怀镇扶兰村驻村工作队员指导村民种植沃柑

三是注重发挥产业能人带动作用。通过为发展产业提供优惠条件，吸引特色产业发展能人到帮扶村庄从事产业发展，实现产业能人的引入。此外，驻村帮扶还要从本村中挑选具有发展能力和发展意愿的党员或者农民，通过帮助他们提高发展能力，将他们培养成本地的能人，通过能人带动，发挥示范效应，吸纳农户的积极参与产业。

广西贵港市姚山村驻村干部联系后盾单位推动发展稻虾特色产业

四是指导村庄成立专业合作社。帮助解决合作社组织建设、章程订立、技术服务、信息提供、市场对接等方面的事项，发挥合作社产业发展载体作用，积极推广如"合作社＋农户"等多种产业发展模式，探索建立科学合理的产业分利和农户参与制度，广泛地吸纳农户参与产业建设，发展壮大农村特色产业。

五是积极发挥后盾单位保障作用。以单位组织为纽带，协调有关部门扶持资源，为特色产业发展提供必要支持。

2. 推动壮大新型农村集体经济

农村集体经济是社会主义公有制经济在农村的主要实现形式，是农民农村实现共同富裕的物质基础。驻村帮扶干部围绕壮大新型农村经济抓好以下重点工作。

一是强化党建引领村集体经济发展。确保村党组织主导村集体经济发展的过程，做好组织保障工作，加强对农村集体资产的维护、管理和监督，防止集体资产出现流失和闲置，成立村集体经济发展组织，选取村党组织书记兼任村级集体经济组织负责人的形式，配强集体经济发展的带头人，统领村集体经济发展。

二是推动形成以特色产业为主导的新型农村集体经济形式。立足当地特色农业资源发展村集体经济，把产业作为发展村集体经济的重要渠道来源，立足本地特色农业资源，推动乡村特色产业发展，通过村集体发展资金入股等方式以推动特色产业发展带动村集体经济发展。

三是积极推动农村"三变"改革。积极推动资源变资产、资金变股金、农民变股东。引导村集体将土地、林地、水域等资源和闲置房屋、设备等量化为股份权利入股专业合作社、龙头企业等新型农村经营主体，促进村集体经济收入来源多元化，推动村集体经济的可持续发展。

"驻村工作队帮扶真给力！"

2018年开始，鄂尔多斯海关是达拉特旗展旦召苏木天义昌村包扶单位，先后派出5人驻村，协助村"两委"实施脱贫攻坚、乡村振兴等各项工作。驻村伊始，工作队与村"两委"就很明确：发展壮大村集体经济是脱贫攻坚的有力抓手。可如何发展村集体经济？工作队犯了难。

天义昌村是展旦召苏木政府所在地，北接黄河，地理位置优越，可村里人多地少，很难发展村集体经济。工作队得知村里有7000多亩河滩地，由于盐碱化严重，已荒废多年，但他们想试一试，依托这片闲置荒地做点文章。经过多次考察调研，最终确定了改良试种100亩盐碱地的项目方案。

为保证项目顺利实施，鄂尔多斯海关先后出资25.5万元，铺设高压电缆3.3公里，低压电缆1.4公里，打成254米深井一眼，解决了改良后的盐碱地灌溉难题。驻村工作队队长石大炜联系了旗里农技推广站的专家来村里实地指导盐碱地改良方法，经专家指导，种上了耐盐碱的经济作物油葵。

"改良第一年，收益应该能达到6万元以上。"看着眼前这片籽粒饱满的油葵，石大炜由衷地感到欣慰。如果试种成功，以后就可以扩大种植面积，村集体经济的收入就会源源不断。该项目采用"党支部＋合作社＋贫困户"的合作模式，由村党支部牵头整合土地，委托有资质的合作社管理经营，贫困户入股分红及项目雇佣，有效带动了村集体及贫困户增收。经工作队与村"两委"及合作社沟通协调，村委会与合作社签订了8年的合作协议，这样就建立了长效增收机制。

村民看见村集体改良河滩盐碱地，纷纷把自家的河滩地也种了起来，如今改良盐碱地项目带动了本村几千亩河滩地的有效利用，村民也实现了增收。

不仅如此，工作队还协调村里的其他项目，帮助村集体经济发展壮大。出资10万元与邦成公司合作养牛，每年分红收入3万元归入村集体经济收入；帮村里利用好国家扶贫资金，根据实际需要购置了湿地链轨车，保证村集体生产使用的同时，还可以出租给其他村使用取得租金收入。

几年来，在驻村工作队的帮扶下，天义昌村集体经济从零起步，在逐步壮大的同时实现了结构优化，形成了长效增收机制，不仅让全村29户贫困户全部脱了贫，其他村民也受了益。对此，天义昌村支书张二亮最有发言权："鄂尔多斯海关驻村工作队帮扶真给力！他们帮助村里发展村集体经济，帮助贫困户脱贫致富，不仅出钱还出力，我们全村人都很感激！"

资料来源：郝雪莲：《"驻村工作队帮扶真给力！"》，2020年9月14日，人民网。

三、提升治理水平

基层治理是国家治理的基石。在农村地区，推进基层治理体系和治理能力现代化，要坚持和加强党的全面领导，加强基层党组织建设、增强基层党组织政治功能和组织力，健全基层治理体制机制，推动政府治理同社会调节、居民自治良性互动，提高乡村治理社会化、法治化、智能化、专业化水平。

（一）健全乡村治理体系

健全乡村治理体系需要建立起党组织统一领导、政府依法履责、各类组织积极协同、群众广泛参与，自治、法治、德治相结合的治理体系。驻村帮扶干部围绕健全乡村治理体系的重点工作包括以下方面。

1. 完善党全面领导的基层治理制度

驻村帮扶干部是国家推进乡村基层治理体系和治理能力现代化的重要抓手。驻村帮扶围绕完善党全面领导的治理制度的重点任务主要是：

第一，促进健全基层治理中党的领导体制。把村级党组织建设成为领导基层村级治理的坚强战斗堡垒，增强和巩固党建引领基层治理的作用。加强村级党组织对基层各类组织和各项工作的统一领导，以提升组织力为重点，健全在基层治理中坚持和加强党的领导的有关制度，涉及基层治理重要事项、重大问题都要由村级党组织研究讨论后按程序决定。落实村党组织书记通过法定程序担任村民委员会主任、村"两委"班子成员交叉任职。注重把党组织推荐的优秀人选通过一定程序明确为各类组织负责人，确保依法把党的领导和党的建设有关要求写入各类组织章程。推动全面从严治党向基层延伸，加强日常监督。

第二，促进完善党建引领的社会参与制度。落实党建带群建制度，履行好组织、宣传、凝聚、服务群众职责。培育扶持基层公益性、服务性、互助性社会组织。积极推进村级党组织与机关企事业单位联建共建，促进机关企事业单位党员、干部下基层治理、有效服务群众。

第三，促进健全基层群众自治制度。坚持党组织领导的基层群众性自治组织制度，加强村民委员会规范化建设，发挥村民委员会下设的人民调解、治安保卫、公共卫生等委员会作用，并做好相关工作。推进完善村民委员会成员履职承诺和述职制度。

2. 推动健全村民自治机制

一是强化党组织领导把关作用。全面落实村（社区）"两委"班子成员资格联审机制，坚决防止政治上的两面人，受过刑事处罚、存在"村霸"和涉黑涉恶及涉及宗族恶势力等问题人员，非法宗教与邪教的组织者、实施者、参与者等进入村（社区）"两委"班子。聚焦与群众利益密切相关的巩固拓展脱贫攻坚成果、乡村振兴等定期开展民主协商。

二是增强村组织动员能力。健全村"两委"班子成员联系群众机制，组织开展入户走访。在应急状态下，组织村"两委"统筹调配村内各类资源和力量，组织开展应急工作。

3. 推进基层德治与法治建设

驻村帮扶干部围绕推进基层德治与法治建设的重点任务包括以下方面。

一是推进村庄治理法治建设。促进基层党员、村干部法治素养提升，引导群众积极参与、依法支持和配合基层治理。促进加强和规范村法律顾问工作。加强依法制定村规民约，确保符合法律法规和公序良俗。

二是加强思想道德建设。推动习近平新时代中国特色社会主义思想进农村、进农户。促进健全村道德评议机制，注重发挥家庭家教家风在基层治理中的重要作用。组织干部和村民开展科学常识、卫生防疫知识、应急知识普及和诚信宣传教育，遏制各类陈规陋习，抵制封建迷信活动。

三是推进实施"互联网＋基层治理"。促进完善村庄地理信息等基础数据，推动基层治理数据资源共享。推进村庄数据资源建设，推动村庄数据综合采集，实现一次采集、多方利用。努力提高村级治理数字化智能化水平，提升政策宣传、民情沟通、便民服务效能，让数据多跑路、群众少跑腿。

（二）规范村务运行

1. 健全村级议事决策机制

《中国共产党农村工作条例》强调，要健全村党组织领导下的议事决策机制，村级重大事项实行"四议两公开"。"四议两公开"即村党组织提议、村"两委"会议商议、党员大会审议、村民会议或者村民代表会议决议，决议公开、实施结果公开。驻村帮扶干部围绕健全村级议事决策机制的重点工作如下。

一是促进明确村级重大事项内容。凡是涉及村级重大事务和与村民切身利益相关的重大事项，应推动提交村党组织研究讨论，纳入"必须议"的范畴，按照"四议两公开"决策实施。包括涉及资金、资产、资源问题必须议，如村集体经济所得收益的使用、本村公益事业的兴办和筹资酬劳方案及建设方案等；村庄发展关键问题必须议，如村庄发展规划、村规民约制定与修订等；热点难点问题经常议，如村庄基础设施建设项目、公共服务建设项目等。

二是推动规范议事决策。促进重大决策事项严格按照村党组织提议、村"两委"会议商议、党员大会审议、村民大会或村民代表大会决议四个决策议程依次展开，未经村党组织提议的不提交议事决策，上一环节讨论事项未获得通过的不得进入下一环节，确保议事决策过程不偷步、不漏步。

三是促进优化议事决策实施机制。落实村党组织议事决策领导机制，做到决策议题由党组织提议、决策事项由党组织牵头、决策过程由党组织把关、决策结果由党组织督办，发挥党组织全面领导和党员示范带头作用，确保村党组织的全面领导贯穿"四议两公开"议事决策全过程。

2.推进党务、村务和财务公开

驻村帮扶干部围绕推进党务、村务和财务公开重点开展以下工作。

一是完善党务、村务、财务"三公开"制度。组织梳理村级事务公开清单，及时公开组织建设、公共服务、工程建设等重大事项，实现公开经常化、制度化和规范化。

二是健全村务档案管理制度。村级档案工作坚持实行统一领导、集中管理、安全方便原则。指定专人负责档案的收集、管理和提供利用，确保档案管理人员具有良好的政治素质、遵纪守法、忠于职守，具备相应的档案管理知识，并经过一定的档案业务培训。促进村级档案管理人员严格按照《村级档案管理办法》收集、整理和保管村党组织、村民委员会、村集体经济等在党组织建设、村民自治、生产经营活动中形成的具有保存价值的文字、图标、音像等不同形式和载体的历史记录。推动建立村级档案查阅利用制度，为本次各类组织及成员、村民提供服务。

三是推广村级事务"阳光公开"监管平台。支持建立"村民微信群""乡村公众号"等，推进村级事务即时公开，加强群众对村级全力有效监督。促进规范村级会计委托代理制，积极开展村干部任期和离任经济责任审计。

村级议事规范 群众心里敞亮——青海乡村"议事会"助推基层民主决策

青海省西宁市湟中县上新庄镇总人口653人的周德村，2015年以前年人均收入不足2600元，村集体经济几乎为零，上级党组织入户调研后发现，村级民主议事不规范，扯皮纠纷、人心不齐是耽误发展的主因。

如何规范村级权力运行？如何提高办事效率？如何保障群众权益让大家齐心协力拧成一股绳？困难倒逼问题解决。在上级党委引导下，周德村党支部书记石玉珍带领村"两委"班子和老党员、妇女代表等一边研究村级事务管理制度，一边挨家挨户听取群众意见，最终完善村级"四会四议三公开"制度。

"党建引领，村里探索建立了民主管理'四会四议三公开'制度。凡重大事项和涉及群众切身利益的事情，都要经过村（支）委会提议、村'两委'会商议、党员大会审议、村民代表大会决议。'三公开'就是议题公开、决议公开、实施结果公开。"石玉珍说。此后的美丽乡村建设、村集体产业发展等工作均在"四会四议三公开"中顺利推进,周德村民心齐、民风好,发展劲头大逆转。

人心是第一要素,发展要靠制度规范。距离周德村七八公里外的土门关乡后沟村,结合实际制定"三议三榜"制度,这个人均耕地不到1亩的村庄不到3年就成为全乡各项工作的"领头羊",相关制度也被争相效仿。

"村'两委'会商议、党员大会审议、村民大会决议,同时对商议、审议、决议结果进行3次张榜公示,每榜公开时间至少7天。"后沟村党支部书记祁永彦说,公示不只在纸上、墙上,还要直抵村民手中、心中。

资料来源:王大千、沐铁城:《村级议事规范 群众心里敞亮——青海乡村"议事会"助推基层民主决策》,2019年12月16日,人民网。

3. 发挥好村务监督委员会作用

村务监督委员会是村民对村务进行民主监督的机构。发挥好村务监督委员会作用对从源头上遏制村民群众身边的不正之风和腐败问题,促进农村和谐稳定具有重要功能。驻村帮扶干部围绕发挥好村务监督委员会作用的重点工作包括以下几个方面。

一是把好选人关口。高度重视村务监督委员会人员推选工作,严把政治关,坚持公开、公平、公正的方式选出有较好的思想政治素质，遵纪守法、公道正派、坚持原则、敢于担当、群众公认，具有一定政策水平和依法办事能力，热心为村民服务的人员担任村务监督委员会班子成员。积极促进开展村务监督委员会成员教育培训，加强村务监督委员会成员日常教育管理，帮助其提高思想政治素质和工作水平。

二是完善村务监督委员会工作机制。推动落实村务监督委员会发挥在村务决策和公开、财产管理、工程项目建设、惠农政策措施落实等事项上的监督作用。推动村务监督委员会建立村务分析制度，定期召开例会，梳理总结、研究安排村务监督工作，研判和梳理村务财务等情况，及时发现苗头性问题，及时提醒监督解决。推动建立村务监督工作报告制度，村务监督委员会每半年向村党组织汇报一次村务监督情况，每年向村民会议或村民代表会议报告一次工作，由村民会议或村民代表会议对村务监督委员会及其成员进行民主评议。

三是促进乡村小微权力规范运行。扩大群众的知情权、参与权和监督权，促进编制"农村小微权力清单"，做到小微权力清晰化、具体化，让小微权力运行程序化、规范化。明确每项权力行使的法规依据、运行范围、执行主体、程序步骤，明确监督要求和监督方式，为村务监督提供规范化的流程。严明有关纪律，对村务监督工作不配合不支持、设置障碍，甚至对村务监督委员会成员打击报复的，要及时制止、责令改正，情节严重的要协助依纪依法追究有关人员责任；对村务监督委员会成员利用监督职权谋私利、泄私愤、搞无原则纠纷、挑起矛盾的，要及时提醒、批评教育，后果严重的要协助按照有关程序终止其职务，并依纪依法追究责任。

（三）推动化解各类矛盾问题

1. 推进农村社区网格化管理

网格化管理变被动应对问题为主动发现、解决问题，是基层社会治理的重要手段，能够提高基层社会治理精细化水平。驻村帮扶干部围绕农村社区网格化管理的重点工作包括以下几点。

一是细化完善网格设置。按照"就近就便、规模适度"的原则，充分考虑地域、人口等因素，将村庄党组织划分为若干工作落实网格，明确人员、职责、任务、奖惩，做到地域界限清晰，责任主体明确，目标任务具体，实现工作责任、工作任务、工作落实无缝隙对接。

二是促进完善网格党组织建设。按照"党建引领、党员入格"的要求，组织整合各村民组党员资源力量，建立网格党员小组，在村党组织统一领导下开展工作。网格党员小组组长由村党组织成员或村委会成员中的党员担任。完善网格区域内党组织建设，延伸党组织的管理服务触角，确保基层党建工作全面覆盖。

三是促进选优配强网格队伍。推动采取个人自荐、群众推荐、组织遴选等方法，选优配强网格工作组。形成以村级党员干部为主体，其他优秀分子共同参与的组团服务模式。网格工作组要优先安排村干部、党员或入党积极分子、村民代表、优秀青年、优秀妇女等担任成员。

贵州省平塘县"四级网格"治理模式为乡村振兴注入新活力

近年来,贵州省平塘县者密镇金玉村坚持以党建为引领,以构建"四级网格"村级治理助推乡村振兴为抓手,以健全"五包"责任机制为手段,形成"一核引领,四级网格联络,五包责任落实"的"145"工作法,汇聚辖区内离退休干部、老党员、复员退役军人等力量,为全面推进乡村振兴激发活力,提供不竭动力。

针对基层力量薄弱且分散的问题,该村建立以基层处置级力量为主的村指挥中心、社区办事处、区划网格、村民小组"四级管理"工作机制。一级格长村指挥中心,由支书、主任、下派网格长组成;二级网格副格长办事处指挥中心,由副支书、副主任组成;三级区划网格将24个村民组区划为5个大网格、5个职业化干部任格长,设置5个"一警三员一组"工作组;四级小网格将24个村民小组设置为24个网格、设置"一警三员一组"工作人员,以确保权职明确、任务清晰,服务到位。

按照"基层为主、四级联动",建立"四级包保"工作机制。金玉村一级格长包保村,负责指导全村网格员落实好各级政府关于乡村振兴工作的安排、部署、决策,督促全村网格员到组入户开展乡村振兴相关工作,研究制定全村乡村振兴工作方案等全面工作。二级网格副格长包村办事处指挥中心,负责协助双网格长研究、制定、实施本村乡村振兴工作方案,督促村"两委"成员落实好国家、省、州、县、镇关于乡村振兴工作的安排、部署、决策,并向村指挥中心汇报乡村振兴工作开展情况,督促本村区划网格长、职业化干部、网格员到组具体细化乡村振兴有关工作,细化落实好本村产业发展、乡土人才挖掘、人居环境整治、事管委作用发挥、安全防范工作。三级区划网格长包片,负责督促"一警三员"的工作开展,共同与网格员、村民组组长落实好上级关于乡村振兴工作相关指示精神,做好上级关于乡村振兴信息报送、惠农政策宣传、重点人员信息录入等基础工作,督促网格员落实好乡村振兴有关工作,并做好相关服务保障和协调工作。四级网格员"一警三员一组"包保户,一警(村警)负责网格内的安全维稳工作,发现问题,及时上报给区划网格长;三员(网格镇干部、网格村干部、网格公益性人员)对所包保户基本情况要掌握熟悉,能清楚每个包保户每个成员基本情况,对准乡村振兴20字方针,因人对户施策,定期向区划网格长汇报乡村振兴工作开展情况,宣传好乡村振兴有关惠农政策;一组(网格促进组)监督网格内各项工作开展情况,直接向格长汇报。

资料来源:詹孝伟、曾应:《贵州省平塘县"四级网格"治理模式为乡村振兴注入新活力》,2021年6月22日,人民论坛网。

2.推动防范化解矛盾风险

中办、国办印发的《关于加强和改进乡村治理的指导意见》提出要健全乡村矛盾纠纷调处化解机制,坚持发展新时代"枫桥经验"，做到"小事不出村，大事不出乡"。驻村帮扶干部围绕防范化解乡村矛盾风险的重点工作包括以下方面。

一是促进农民利益诉求表达渠道畅通，维护好农民群众的合法权益。促进与农民群众生产生活密切相关土地、财政、公安、司法等部门资源整合并前置到村级，建立"政策法律咨询、矛盾纠纷调解、来访群众谈心、民生事项代办"等相关服务窗口，对来访群众民生代办、矛盾排调、法律援助、民生救助等诉求与需求进行集中办理，给予及时回应答复。

二是推动构建"纵向到底、横向到边"的调解工作体系。积极借助相关职能部门资源、社会专业力量、村庄网格员，将矛盾纠纷解决在诉讼前。建立矛盾纠纷分流原则，将不同类型矛盾纠纷分流到不同的矛盾调解窗口。积极建立人民调解、专业性行业性调解、律师调解和社会服务组织条件机制，通过多方参与促进乡村矛盾纠纷化解在诉讼之前。组织村干部、网格员、帮扶干部等定期走访农户，收集民情民意，一旦发现村民有矛盾纠纷和其他风险隐患，能够自己处理的就处理，不能处理的就及时报送村里、乡镇，力求矛盾隐患及早发现、及早有人介入。

三是协助开展"一村一法律顾问"工作。开展"一村一法律顾问"工作，是提升村庄依法治理能力，实现运用法治思维和法治方式管理村庄公共事务、化解基层矛盾纠纷、维护农民合法权益和社会和谐稳定的重要基础和保障。驻村帮扶干部要协作和落实地方政府推进的"一村一法律顾问"工作。驻村干部在组织开展在村规民约修订、村民合作社章程起草、村内重大经济、民生和社会管理等决策时要主动听取法律顾问的法律专业意见。积极协助法律顾问为群众在日常生活中遇到的征地拆迁、婚姻家庭、上学就医、社会保障、环境保护等方面的法律问题提供法律意见。与法律顾问共同引导农民依法、理性反映诉求，依法维护自身合法权益。协助法律顾问开展法治宣传，普及法律知识，增强干部群众的法律意识，树立正确的权利义务观念，依法办事，依法解决矛盾纠纷。

3. 推动有效应对和处置基层突发事件

随着全球气候异常变化加剧，自然灾害、事故灾难、公共卫生等突发频发，对农民群众生命财产安全构成了严重威胁。有效应对和处置基层突发事件，成为包括基层干部的重要工作。驻村帮扶围绕有效应对和处置基层突发事件的重点工作包括以下三个方面。

一是完善村级应对和处置突发事件预案。在上级部门的指导下，组织村干部、村民代表共同讨论、科学制定应急预案。同时，每年组织村民开展综合应急演练，及时修订、不断完善和细化各种应急预案，提高应急预案的可操作性和实用性。

二是完善应急管理队伍，加强应急物资储备。促进依托村治安队治保会等组建应对突发事件的综合应急救援队伍。积极动员群众、组建应急志愿者队伍及信息报告员队伍。促进加强村庄的应急避难场所建设，可以依据村内的学校、文化广场、人防设施等公共场所划定村庄应急避护场所，并进行明显标识。完善应急基础设施建设，设立"应急宣传栏"，配置"应急广播"。结合常发、易发的各类突发事件，积极建设应急物资储备库。

三是促进加强应急制度，提高应急处置能力。促进建立健全村庄应急管理工作制度，明确权责和服务清单。推动建立健全信息报告、沟通协调、应急处置、档案管理等制度。确保及时掌握、准确判断突发事件态势，第一时间作出反应，组织开展先期处置，并按照分级标准向上级报告。根据实际及时启动相关预案，组织村"两委"调配本区域各类资源和力量，形成合力，组织开展应急工作，力争在最短的时间内控制事态发展、实施紧急救援。

四、为民办事服务

民生是人民幸福之基，社会和谐之本。保障和改善农村民生事关乡村社会和谐稳定。驻村帮扶干部为民办事要聚焦教育、医疗卫生、住房等农民群众最关心、最直接、最现实的问题，关爱困难群众生活，不断增强农民群众获得感、幸福感、安全感。

（一）保障和改善农村民生

1. 推动提升农村教育质量

脱贫摘帽不是终点，而是新生活、新奋斗的起点。农村教育将巩固拓展教育脱贫攻坚成果放在突出位置，保持教育帮扶政策总体稳定，促进振兴乡村教育和教育振兴乡村的良性循环，加快推进乡村全面振兴。驻村帮扶干部围绕提升农村教育质量的重点工作包括以下方面展开。

一是促进巩固拓展义务教育控辍保学成果，确保除身体原因不具备学习条件外的脱贫家庭义务教育阶段适龄儿童少年不失学辍学。持续落实"双线四包"和联控联保责任，严格执行驻村干部和村干部包村民小组、村民小组包户的工作机制，强化驻村干部和村干部与家长、学校、帮扶联系人的沟通工作，协助精准摸排辍学学生，加强对学生失学辍学情况监测。积极组织村干部参与义务教育适龄儿童失学辍学返校复学工作。坚持"发不缺位"，依法控辍，对经多次劝返不果，拒不送子女上学的家长采取送达法律文书、公诉等法律手段，并采取强制措施，确保义务教育法和未成年人保护法等法律法规得到贯彻执行。

驻村干部家访并关心学生学习情况

二是加强农村家庭经济困难学生帮扶工作。加强家庭困难学生资助政策宣传，协助将符合条件的农村家庭经济困难学生纳入社会救助和教育资助范围。

三是加强农村儿童教育关爱工作。加强农村留守儿童、困境儿童和易地扶贫搬迁学生的关心关爱，促进健全乡、村、家、校协同育人机制，促进构建"家庭尽责、源头预防、政府主导、社会参与"的关爱体系。

辍学少年复学记

2020年6月16日，是15岁少年宫芝（化名）重回课堂的日子。1年前，宫芝因伤人被送入相关机构管教半年。管教结束后，因心存自卑，宫芝隔三岔五离校混迹于社会，被列入教育部门督办复学的名单。6月14日晚，连续蹲守多日的昭通军分区四级军士长王疆，在宫芝家胡同口找到了他。从家庭脱困到个人担当，从社会现状到未来发展，一番长谈后，宫芝向王疆允诺，16日回学校复课。

3月初，马伏枥带着军分区扶贫工作队进驻杉树林村，当得知宫芝的父母10年前入狱，就立刻走访了宫芝家，并协调民政部门为宫芝和他妹妹办理特殊生活补助。后来，他多次带队慰问宫芝的爷爷奶奶。一个多月前，教育部门通报，宫芝连续多日无故旷课。

"孩子是未来脱贫的希望，绝不能让一个孩子掉队。"马伏枥带着王疆前去做工作，却找不到四处躲藏的宫芝。电话那端，总是忙音；手机短信，从未回复。

14日晚，当得知宫芝同意复学，马伏枥与王疆商量——

宫芝复学当日，马伏枥去学校和他谈一谈。交谈中，宫芝向马伏枥说出了自己的困惑和烦恼。在答疑释惑中，宫芝逐渐敞开心扉。离别前，两人互留联系方式，并说好定期电话联系。当晚，宫芝得知马伯伯再次看望了爷爷奶奶，他主动发了短信：谢谢。

为了让杉树林村辍学的孩子重新回到学校，昭通军分区扶贫工作队费了不少周折：有2名学生分别到浙江省金华和永康打工，工作队队员奔赴千里，在他们不接电话、四处躲藏的情况下，多方查找，终于找到他们；对因成绩不好而厌学的辍学学生，工作队到学校跟班主任沟通，给他们开设"小灶"；对因家庭贫困而辍学的学生，他们积极协调有关部门最大限度给予生活补助，并组织官兵捐资助学予以解困。

资料来源：贾启龙：《辍学少年复学记》，2020年6月17日，新华网。

2. 推动提升医疗卫生保障

经过脱贫攻坚战，农村低收入人口基本医疗卫生保障水平明显提升。农村医疗卫生保障政策总体稳定，同时调整优化政策，深入推进健康乡村建设，聚焦重点地区、重点人群、重点疾病完善促进农民健康政策，健全防范化解因病返贫致贫长效机制，逐步实现由集中资源支持脱贫攻坚向统筹基本医保、大病保险、医疗救助三重制度常态化保障平稳过渡。驻村帮扶干部围绕推动提升脱贫地区医疗卫生保障服务的重点工作包括以下几个方面。

一是推动完善农村低收入人口常态化健康帮扶机制。加强农村低收入人口健康帮扶,促进大病专项救治、家庭医生签约服务措施对农村低收入人口重点落实,加强农村严重精神障碍患者服务管理和救治保障,加强落实因病致贫返贫风险人群常态化健康帮扶。

二是推动深入实施爱国卫生运动。聚焦重点场所、薄弱环节,推进农村垃圾、污水、厕所等环境卫生基础设施建设,组织村民持续开展村庄清洁行动,探索建立长效管理维护机制。发挥群众动员优势,协助开展健康科普,增强农民文明卫生意识,革除陋习,养成良好卫生习惯和文明健康、绿色环保的生活方式。引导群众主动参与到改善生态环境中来,营造共建共享的良好氛围。

广西平南县安怀镇团罗村驻村干部组织村委开展公共场所卫生清洁活动

三是推动农村低收入人口应保尽保。落实参保动员责任,重点做好脱贫人口参保动员工作。协助健全农村低收入人口参保台账,确保纳入资助参保范围且核准身份信息的特困人员、低保对象、返贫致贫人口动态纳入基本医疗保险覆盖范围。

四是协助建立防范环节因病返贫致贫长效机制。协助健全防范化解因病返贫致贫的主动发现机制、动态监测机制、精准帮扶机制。协助建立申请救助机制，确保发生高额医疗费用的易返贫致贫人口和因高额医疗费用支出导致家庭基本生活出现严重困难的大病患者纳入医疗救助范围。

3. 推动提升农房建设质量

农房和村庄建设现代化是乡村建设的重要内容。驻村帮扶干部在确保房屋基本安全的前提下，以实施乡村建设行动、接续推进乡村全面振兴为目标，推动加强农房设计，提升农房建设品质，完善农房使用功能。重点围绕以下任务开展工作。

一是推动提升农房设计建造水平。督促农户农房建设要先精心设计，统筹主房、辅房、院落等功能，精心调配空间布局，满足生产工具存放及其他需求。推动提炼本地传统建筑智慧，因地制宜解决日照间距、保温采暖、通风采光等问题，促进节能减排。促进适应村民现代生活需要，实现寝居分离、食寝分离和净污分离。推动新建农房同步设计卫生厕所，因地制宜推动冲水式厕所入室。鼓励就地取材，利用乡土材料，推广使用绿色建材。

二是确保农村低收入群体住房安全有保障。加强政策宣传，畅通问题反馈渠道，及时将符合条件的农户纳入住房保障支撑范围。支持农村低收入农户向村委会提出申请，严格村评议，协助对经鉴定或评定住房确属 C 级或 D 级或无房户给予住房安全保障支持。

对于保障对象中失能失智无法提出申请的特殊人员，组织村干部帮助其提出住房保障申请。

三是加强监督和激励引导。促进落实住房保障对象公示制度，将保障对象基本信息和各审查环节的结果在村务公开栏进行公示，强化群众监督作用。

四是加强日常管理工作。推动建立农房全生命周期管理制度，推动村"两委"干部共同落实农户住房安全日常巡查，促进加强乡村建设工匠的培训与管理，提升农房建设管理水平，为农户对改造后房屋的日常维护与管理提供技术支持。

（二）加强对困难人群的关爱服务

保障困难群众基本生活是贯彻落实巩固脱贫攻坚成果同乡村振兴有效衔接的重要内容。驻村帮扶干部围绕推动提升困难群众生活保障的重点工作包括以下几个方面。

1. 加强农村"三留守"人员关爱服务

一是推动建立快速响应机制。明确村"两委"成员责任，将走访、发现困难群众列为村组织和工作人员的重要内容。驻村干部与村"两委"干部等共同开展"三留守"人员定期探访，掌握基本情况，及时发现需要救助的困难群众，防范、积极化解风险隐患。加强农村空巢、留守老年人和留守儿童信息动态管理。

二是促进加大低收入人口救助力度。对刚性支出较大导致生活出现严重困难的低收入农户，帮助其申请获取专项救助或是其他必要救助措施。推动落实困境儿童、事实无人抚养儿童保障工作，防止发生涉及事实无人抚养儿童权益保障的极端个案。推动完善农村留守妇女关爱服务制度，落实农村留守妇女关爱服务举措。

第一书记余强和驻村工作队队长孔磊在饺子宴上为老人端饺子

2. 落实农村残疾人帮扶政策

一是建立残疾人跟踪访视机制，实现残疾人返贫致贫"早发现"。组织村级组织积极与基层残联、帮扶责任人密切合作，建立脱贫残疾人跟踪访视机制，及时了解掌握残疾人家庭的基本生活及受自然灾害、意外事件等突发变故产生返贫致贫风险等情况。

二是及时落实帮扶政策，实施残疾人返贫致贫的"早干预、早帮扶"。在跟踪访视过程中一经发现存在返贫致贫风险的残疾人家庭，及时向残联和乡村振兴工作部门反映有关情况，及时纳入防止返贫监测和帮扶机制。同时，协助做好信息采集、分析导致残疾人家庭存在易返贫致贫风险的原因，参与研究制定具体帮扶措施。摸清有劳动能力和就业意愿的残疾人的底数，为残疾人送政策、送信息、送岗位、送服务。用好村庄现有的和新开发的公益性岗位，托底安置符合条件的残疾人及其家庭成员就业。支持低收入残疾人参与帮扶项目、村内建设和发展就业增收，村级公益事业等帮扶项目安排优先让困难残疾人受益。

3. 发挥基层党组织助残帮扶作用

一是持续推动基层党组织助残帮残工作。落实党的农村基层组织工作条例提出的"加强对残疾人等人群的关爱服务"要求。依托村党组织和党员干部与困难残疾人开展结对帮扶，在社会保障、教育安置、健康服务、稳岗就业、产业扶持、出行便利等多方面提供有针对性的帮扶，确保不发生残疾人返贫致贫。

二是推动健全基层残疾人组织，密切联系和服务残疾人。促进发挥基层残疾人工作者、村残协专职委员作用，在日常入户走访残疾人家庭时，结合残疾人基本服务状况和需求动态更新入户登记、困难残疾人家庭走访探视等工作。配合做好易返贫致贫残疾人及家庭的调查，主动发现和推动符合条件的残疾人及其家庭及时纳入防止返贫致贫监测和帮扶机制。

参考文献

[1] 詹孝伟、曾应:《贵州省平塘县"四级网格"治理模式为乡村振兴注入新活力》，2021年6月22日，人民论坛网。

[2]习近平:《在全国脱贫攻坚总结表彰大会上的讲话》,《人民日报》2021年2月26日,第2版。

[3]王大千、沐铁城:《村级议事规范 群众心里敞亮——青海乡村"议事会"助推基层民主决策》,2019年12月16日,人民网。

[4]贾启龙:《辍学少年复学记》,2020年6月17日,新华网。

[5]《习近平在中央农村工作会议上强调 坚持把解决好"三农"问题作为全党工作重中之重 促进农业高质高效乡村宜居宜业农民富裕富足 李克强主持 栗战书汪洋王沪宁赵乐际韩正出席》,2020年12月29日,新华网。

[6]《习近平在浙江考察时强调 统筹推进疫情防控和经济社会发展工作 奋力实现今年经济社会发展目标任务》,2020年4月1日,新华网。

[7]《习近平在山西考察时强调 全面建成小康社会 乘势而上书写新时代中国特色社会主义新篇章》,2020年5月12日,中华人民共和国中央人民政府门户网站。

[8]《习近平谈乡村振兴的五个路径》,2019年5月30日,求是网。

[9]《习近平考察云南:坚决打好扶贫开发攻坚战》,2015年1月21日,人民网。

[10]《全面实施乡村振兴战略,习近平提出七个方面要求》,2021年1月8日,中国新闻网。

[11]《关于乡村振兴,总书记这样强调》,2021年3月11日,求是网。

［12］《【习近平两会时刻】习近平参加山东代表团审议》，2018年3月9日，央广网。

［13］《"驻村工作队帮扶真给力！"》，2020年9月14日，人民网。

第四章 驻村帮扶的工作难点

【导语】

乡村振兴是一项比精准扶贫覆盖面更广，工作难度更大的工作。作为上级党政机关和企事业单位来的第一书记和驻村帮扶干部，工作中会遇到很多困难，比如与村"两委"、村民、乡镇党委政府以及派出单位之间的关系如何相处，经济工作如何推动，在充满人情的乡村熟人社会中如何完善乡村的治理，在人才外流的大背景下如何培养和吸引人才参与乡村振兴，在乡村空心化的背景下如何开展乡村建设行动等等。驻村帮扶工作中的难点也正是工作中的着力点，需要第一书记和驻村帮扶工作队采取灵活多样的方式方法，解决好工作中的难点问题。本章梳理了驻村帮扶工作中的难点，总结了一些地方的成功经验，为解决难点问题提供了思路。

作为促进乡村振兴，加快农业农村现代化，扎实推进共同富裕的一支重要力量，驻村帮扶工作助力群众摆脱了绝对贫困，提升了乡村治理水平，是新时期农村发展的重要一环。各地实践表明，在全面推进乡村振兴背景下的驻村帮扶工作，受各类主客观条件的制约，驻村帮扶人员面临不少问题和困难，主要是：如何协同乡村振兴各类政策和帮扶项目的落地落实？如何推动发展乡村集体经济？如何聚集乡村发展人才，促进农民主体性发挥，提高农民的参与度和受益面？如何开展乡村建设行动，改善农村生产生活条件，努力让农民就地过上现代文明生活？如何健全党组织领导的自治、法治、德治相结合的乡村治理体系，促进农村和谐稳定，农业稳定发展、农民安居乐业？等，解决好这些现实难题，需要各级政府部门和社会力量集思广益，协同发力。本章重点从"帮扶关系、经济帮扶、乡村治理和人才帮扶"四个层面，着重分析驻村帮扶乡村振兴工作中的工作难点，为基层驻村帮扶人员提供工作指引。

一、如何协调和处理好各种工作关系

做好驻村帮扶工作，首先面对的是协调和处理好各种关系，这是做好驻村帮扶工作的前提和关键。关系顺畅，工作起来就会如鱼得水；关系紧张，推进工作就会步履维艰。驻村帮扶工作中需要协调和处理的关系，主要是与村"两委"的关系、与村民的关系、与乡镇党委的关系、与帮扶单位的关系等。由于帮扶村的情况、帮扶村所在乡镇的情况千差万别，派驻单位和驻村干部自身情况千差万别，因此协调处理关系时面对的困难和问题也是千差万别。

（一）帮扶关系工作难点的主要表现

就一般情况而言，驻村帮扶在协调处理关系方面遇到的困难和问题主要是以下方面。

1. 驻村工作队和村"两委"的关系

"第一书记"的职责和使命是支持和帮助村"两委"搞好工作，如何做到和睦相处，坦诚相待，共同协作，荣辱共存，关键在于调整心态、摆正位置、转变角色，对内做好参谋助手，对外当好桥梁纽带，自觉做到指导不指责、到位不越位、支持不包办、帮忙不添乱。但实际工作中这个度不好把握，往往容易出现越位、缺位、错位等情况。

一是越位。与村"两委"干部相比，驻村工作队队员在年龄结构、学历层次、文化水平、政治素养等方面具有优势，对党的农业农村政策理解和把握较为透彻，有很强的业务学习能力，特别是一些来自体制内优势资源较为丰富单位的第一书记，可以为村里带来资金资源和项目，希望用一己之力，短期之功改变所在村的面貌。有的到村伊始，风风火火开展工作，既当指挥员，又当战斗员，里里外外，上上下下全身心投入，虽然精神可嘉，但是如果摆不正位置，放不平心态，自认为是从上级机关下来，自视高明，自以为是，工作中不能遇事共商，独断专行，越俎代庖，包办代替，就容易引起村干部的反感。村干部要么当甩手掌柜，要么不予配合，造成工作难以开展。

二是缺位。一些村特别是一些软弱涣散村，长期以来存在家族宗族矛盾，加上一些历史遗留问题长期没有解决，导致部分村民对村"两委"有看法、有怨气，干群关系紧张，村班子战斗力凝聚力不强。驻村工作队特别是"第一书记"到村之后，要发挥支持和帮助作用，做到问题共解，责任共担，特别是针对一些矛盾和历史遗留问题，要在调查了解情况的基础上，分析一下哪些问题可以快刀斩乱麻，及时化解，哪些问题可以先搁置争议冷处理，等待时机成熟。特别是对一些能够及时处理的问题，敢于走向前台，补位不缺位，主动担当负责，村干部不便说的话主动去说，村干部不便出面解决的问题主动出面去解决，村干部不便牵头办的事主动牵头去办，通过对政策的合理解读，责任的主动担当，工作的示范引领，解决问题，搞好服务，就能消除误解，缓解干群紧张关系，促进干群和谐，也能赢得村干部的信任和尊重。但如果驻村干部不敢面对这些矛盾纠纷和历史遗留问题，害怕陷进矛盾旋涡拔不出腿，怕问题解决不了影响自身形象，该讲的话不讲、该办的事不办、该担当的不能担当，遇到矛盾和问题绕着走，推诿退缩，就会导致一些矛盾和历史遗留问题积重难返。

三是错位。一些村由于村"两委"年龄结构老化，知识结构弱化，绝大部分村干部学历不高，文字功底浅，数理逻辑差，加上很少有人能够做到懂电脑、会财务、精文字，所以驻村干部不得不把精力和时间更多地放在各种文字的上报，表格、数据的填写上。本来驻村工作队的工作职责是支持和帮助所驻村建强村党组织，推进强村富民，提升治理能力，为民办事服务，巩固拓展脱贫攻坚成果、全面推进乡村振兴，但由于一些驻村工作队工作难以突出主责主业，村上报的各类材料报表大都依靠驻村工作队来完成，导致有的驻村干部的工作停留在纸面上，充当着统计员、打字员、信息员的角色。

2. 驻村工作队与村民的关系

驻村工作队与村民良好的沟通关系直接关系到能否尽快地融

入乡村百姓中,与村民群众心手相连、心心相印。但由于所驻村情况、村民及村干部情况、驻村工作队队员自身素质能力情况不同,在实际工作中也出现沟通难的问题,表现在三个方面。

一是不想沟通。与村民良好的沟通,是驻村工作队进村了解情况开展好工作的前提和基础。"第一书记"要与群众打成一片,进百家门、了百家情、晓百家难。扑下身子,走村串户,说农家话、住农家屋、吃农家饭、学农家活、熟农家情、办农家事,当好农家"子女"、做好农家"亲戚",做好民情的知晓者、解决者。但如果第一书记整天想的是引资金、上项目,想的是"干大事",认为只要能招引到项目,引来资金,驻村工作就算完成了任务,南来北往跑,村里见不到人,就有可能因不了解政策,不掌握村情,导致招引的项目不切实际而流产。驻村工作队队员应该立足于主责主业,在班子建设、产业发展、村庄建设、村庄治理等方面出谋划策想点子抓落实,如果只干些表面上的面子活,在村干部家坐坐,村大队部停停,企业项目上转转,不愿深入群众中去,工作浮于面上,这些主责主业就不可能落到实处。

二是不会沟通。农村的政策涉及方方面面,但每一个村每一户情况又各不相同,存在的问题及个性化需求又千差万别,特别是个别村民在反映情况时,站在自己利益的角度考虑问题的多,有夸大或缩小事实的现象。这就需要驻村干部在调查了解情况时,除了召开不同层面的座谈会了解情况外,还要到退下来的村干部、有威望的村民代表、复员退伍军人、经商办企业搞项目的致富带头人、村里困难群众等不同层面的群体家中与群众"拉家常",做到面对面心贴心，不能说不几句话就走，"跑马观花"，让群众感受不到真诚和尊重，甚至引起群众反感。也不能立足未稳，情况不明，沟通没几句，就开始夸夸其谈、品头论足，谈一些不切实际的想法，承诺一些兑现不了的事项，把群众的胃口吊得很高，时间一长，落实不了，就会失去群众的信任。

三是不敢沟通。一些软弱涣散村，由于工作不规范，村干部办事不民主，村务不公开，在涉及群众利益如征地拆迁、低保评选、宅基地安排、村集体资产处置、村办公益事业收支等方面存在着信息不对称、沟通不顺畅、解释不到位等情况，加上极个别村干部大局意识缺乏，群众观念和法纪意识不强，总打着小算盘，想着小九九，考虑的角度和出发点总是自己的那一亩三分地，不能以大局为重，以全村为重。面对这些情况和问题，如果驻村工作队不敢了解沟通，了解了也回避矛盾问题，怕解决不了引火上身，给自己带来麻烦，就会造成工作被动，干部群众也会认为不担当、不作为。

3. 驻村工作队与所在乡镇党委的关系

驻村工作队与所在乡镇党委的关系是领导与被领导的关系。工作队要主动接受驻地乡镇党委的领导，加强与乡镇党委的沟通协调，争取必要的支持和帮助，并将好的想法、建议等及时向乡镇党委请示，确保好的想法、建议落地生根，取得实效，但实际工作中受思路、方法等方面的影响，也会出现一些问题：

一是思路上宏观与微观的结合难。机关工作和基层工作在工作方式、思维方式等方面存在一些差异。机关重在"谋"，推进工作既要有对形势和政策的敏锐洞察，又要有更高的政治站位和更多的理论知识，多是从宏观层面上思考工作。而乡村工作主要在于落实，把理论变为实践、把规划变为现实、把文件变为实景，这多是从微观实践角度上思考如何干的问题。所以，驻村工作队员如何把握好宏观与微观相结合，把上级的要求落实到一个村的具体实践上，并与驻地乡镇党委沟通好，赢得党委政府的支持，做到与所在乡镇党委、政府思路上同频共振，工作上步调一致，决定着驻村帮扶的效果。如果驻村第一书记自恃政策理论水平高，派驻部门实力强，自觉不自觉地凌驾于乡镇党委、政府之上开展工作，或者把乡镇党委、政府的意见建议置若罔闻，甩开乡镇党委、政府"单干"，都会影响驻村帮扶工作的开展。

二是工作上当前与长远的摆布难。乡村振兴是包括产业振兴、人才振兴、文化振兴、生态振兴、组织振兴的全面振兴，是一场不亚于脱贫攻坚的攻坚战和持久战。驻村帮扶时间一般为两年，驻村工作队和第一书记如何在有限的时间内，既要考虑短期内见到效果的项目，如修路、打井、绿化、亮化等短时间内可以见政绩的工作，又要考虑产业发展、村庄规划、村庄治理等实施周期性较长的项目，特别是一些涉及长远发展的一乡一业一村一品的产业结构调整、村庄综合整治、农村新型社区建设等工作，往往需要规划设计、审核审批、办理手续、争取资金、土地流转、拆迁补偿等过程，实施起来难度大，周期性长，往往引不起乡镇或驻村工作队的兴趣。有的即使搞一些产业，也要求建一些当年投入当年建设当年见效的短平快的项目，有急功近利的思想。

三是绩效上显绩与潜绩的呈现难。驻村"第一书记"开展工作时，出于从考核角度上考虑，大多对如何解决村里的路水电网等基础设施，大棚、产业园等产业项目建设比较关注，因为这些都是一目了然，考核时好量化，也是显绩，而涉及班子建设、内生动力激发、乡村文化等涉及乡村治理的工作，面广量大，即使做了很多工作，但不能立竿见影。但是这些工作，不认真抓，眼前没有什么表现，过了三五年，问题可能就会暴露出来。如果认真抓，可能一两年也看不到什么变化，但是过几年乡村治理可能会有大改观，算是潜绩。在驻村工作中，乡镇党委也想让驻村工作队帮助把村班子建好，把乡村治理好，留下一支不走的工作队，而这往往是驻村帮扶工作的难点，也是绩效上不好呈现的难点。

4. 驻村工作队和帮扶单位的关系

一是争取后方派驻单位的重视难。后方单位不重视的原因主要有：部分单位在对第一书记推荐人选上把关不严，有的缺乏相关方面人才，只能"赶鸭子上架"。有的单位主要负责人不重视，不是严格按照组织的选派人选要求选派干部，而是选派单位的闲人、懒人、不好管理的人。有的对驻村工作不关注、不推动，汇报了听听，有问题了等等，对驻村帮扶工作站位不高，重视不够，存在应付、凑合的现象，队员推动工作难度大。

二是争取后方派驻单位资金支持难。主要原因是一些单位财力不足，掌握和能协调的资源又少，对所驻村从资金资源上帮助有限，有的甚至对驻村工作队员的下乡包村津补贴都难以维系，很大程度上影响驻村工作队成员的工作积极性和工作成效。

三是帮扶干部汇报不主动不到位。"第一书记"通过前期调研准备工作后,要迅速进入工作状态,以更好的工作表现赢得派出单位的认可,要积极把好的帮扶措施、意见或建议及时向派出单位汇报,争取在政策、资金、资源等各方面得到"娘家"支持,做项目落实的规划者、协调者。但有些帮扶干部向帮扶单位领导请示、汇报不够,后方单位不能及时了解帮扶村所需及发展规划,不能及时研究调配资源给予支持。

(二)有效协调帮扶关系的步骤方法

在驻村帮扶过程中,有效协调各类帮扶主体之间的关系,避免上述难题,营造良好的帮扶关系,主要有如下步骤方法。

1. 熟悉驻村工作机构与村情民情

第一,要了解县镇(乡)驻村帮扶工作的领导体系和工作体系。清楚帮扶工作在县镇党委、政府谁主管、谁分管,哪些部门负责和参与,哪些人具体抓,做到心中有数。

第二,要与本系统在县镇的基层单位或相近的工作系统主动对接。建立联系,主动与当地干部融合。

第三,要了解镇(乡)村两级的组织体系。包括所在镇(乡)村两级的领导班子及相关工作部门的成员姓名和联系方式,及时主动与他们建立联系,建立从上到下的沟通联络网络,第一时间了解到县镇(乡)村工作动态和工作重点,尽快进入工作角色。

第四,要熟悉当地村情和风土人情。干部驻村,与当地镇(乡)村干部群众接触后,要善于学习、当好学生,首先要实地察看熟悉村组环境。包括所在村的交通情况、村组布局、自然环境、主导产业以及学校、卫生室、公共文化活动场所等。还要了解村组历史文化。翻阅历史资料和工作总结，清楚所在村的建制历程、名人名事、民风民俗、传统文化，掌握近几年的工作状况和特色亮点。

驻村帮扶干部入户调研

第五，要把握好农村人情关系，合情合理合法开展工作。要通过走访镇村干部和前任驻村人员，听取他们的意见建议，了解该村的人口规模、宗族分布、贫困程度、致富能人等情况。召开村党员会、群众代表会，进一步了解情况，听取意见和建议。

2. 理清工作思路，制订工作计划

首先，要与镇（乡）上包村干部、村"两委"干部充分沟通。看自己了解的情况与组织上掌握的情况是否吻合，自己的工作打算是否符合政策，是否切合实际。

其次，要与后方帮扶单位领导、同事充分交流。看有哪些政策可以争取，哪些资源可以利用，哪些力量可以整合，逐步理清推进工作的思路。

再次，要主动与有关部门对接。把本单位优势和自身优势发挥出来，争取各方面对本村发展特色产业、完善基础设施、改善民生状况进行支持。要充分调动各方面的资源。一方面，要注意把本村人才优势发挥出来，主动争取本村在外成功人士和致富带头人为家乡建设出谋献策，给予实际帮助。另一方面，要积极与热心公益的企业家和农业技术专家、有关单位对接，寻求各类项目帮扶和合作，动员帮扶单位结对帮扶干部、社会各界爱心人士开展"点对点""线上与线下"的精准帮扶。

驻村帮扶干部与村民一起算经济账

最后，在清楚自身工作职责的同时，围绕全面推进乡村振兴、巩固拓展脱贫攻坚成果这一中心，抓住主要矛盾，细化任务清单，制订工作计划规划。同时，要加强与村党支部书记和村委会主任的沟通，形成共识后，及时把议定事项形成条目，具体到每名干部头上，然后分工协作。暂时不能形成共识的，先从大家都认可、最容易做的事做起，有条不紊地推进全年工作任务落实。

3.突出工作重点，积极为群众办实事

驻村干部在班子建设上，要注重搞好传帮带，带思想、转观念；带工作，长本事；带作风，树形象；带制度，强规范，进一步提高班子的凝聚力和战斗力。

在产业发展上，要符合区域发展定位，考虑群众意愿、群众特点、群众习惯，立足本村实际来选择，重点发展那些有群众基础、有地方特色、有市场前景的产业，帮助所在村把市场的利弊风险分析透彻。

在村集体经济上，要积极谋划，创造条件发展壮大村级集体经济，建立健全村民与市场主体的利益联结机制，使村民获得稳定可持续的增收途径。

驻村干部了解贫困群众的实际困难后，要想办法积极为群众办实事。有条件的可以组织单位干部给钱、给物，没条件的讲政策、搞宣传，组织学习培训。一方面要注意用好各项政策。从规范农村低保发放、粮食补贴发放、贫困户识别、残疾人补贴等做起，协助抓好民生政策落实。另一方面要注意关心帮助特殊人群。关心留守老人、留守儿童、留守妇女和残疾人，帮助失独家庭、因灾因学因病致贫家庭，把他们的困难当成自家事，千方百计帮助他们。

驻村干部要在帮扶中努力团结村"两委"干部提升便民服务水平。发挥优势，协调项目资金解决群众安全饮水、垃圾处理设施、村庄道路硬化绿化美化亮化等群众生产生活中关注的热点难点问题。

驻村帮扶干部入村调研

二、如何有效开展经济帮扶

做好贫困人口的常态化监测和精准帮扶，推动加快发展乡村产业，壮大新型农村集体经济，促进农民增收致富是经济帮扶层面的主要内容。驻村帮扶工作开展以来，一系列促进乡村经济发展的政策举措取得了较大成绩，但距实现产业兴旺的目标要求仍有明显差距。各类帮扶项目的落地创新难度较大，农业竞争力总体偏弱，农村服务业发展广度和深度不足，产业链延伸拓展有限，乡村集体经济发展参差不齐，成为摆在驻村帮扶干部面前的难题。

（一）经济帮扶难点的主要表现

1. 项目帮扶创新发展层面

项目化的资源配置和供给是基层政府推进乡村振兴的重要方式，也是驻村帮扶成员开展经济帮扶的主要手段。包括基础设施、特色产业、服务中心、娱乐广场等在内的各类发展项目，在改善贫困村落后面貌过程中能起到立竿见影的效果，也是提高群众满意度的重要法宝。因此，驻村帮扶成员非常重视各类项目的争取和应用。但在具体实践中，乡村振兴的项目化运作却存在因帮扶单位资源不同，导致项目分配不尽合理，项目执行过程中重建设、轻管理，重硬件项目、轻软件服务等现实问题，项目执行与群众需求之间还存在一些矛盾和冲突，影响了项目的运行效率，在一定程度上影响了帮扶工作的顺利开展。

一是帮扶项目差距大，资源分配不尽合理。驻村干部在推进乡村振兴过程中，需要不断引入项目和吸纳资源以完成帮扶任务，但发展环境较弱、人力资本和物质资本不足的乡村，会体验到更大的结构性限制和更少的发展机会。同时，帮扶单位本身的资源储备，帮扶队员的能力和社会资本存量不同，加剧了不同乡村发展不充分的结构性矛盾。由于帮扶单位和驻村工作队的层级、工作职权、资源供给和统筹资源的能力存在差别，导致帮扶资源分配不均，驻村帮扶的效果会出现两极分化的情况。一般而言，帮扶部门行政级别越高，获取资源和项目的能力越强，给予结对帮扶村的支持也越大，帮扶成效越明显。一些省级单位或"强势"部门资源动员能力强，投入力度大，通常能争取到更多的项目和资金，帮扶成效明显；而一些县级单位或"弱势"部门因职权和资源能力有限，帮扶力度较小，帮扶成效不太明显。最终，一些真正需要帮扶项目来推进乡村振兴的村庄容易被忽略，由此产生了项目资源配置的失准，导致各村发展不平衡。

二是帮扶项目与村庄需求匹配度较低，后期管理维护不足。目前，驻村帮扶中的各类项目主要是来自上层政府的顶层设计，村民参与度还不够高，地方性知识考虑还有所不足。比如产业振兴项目，一个产业项目的打造和发展，既需要与乡村本土发展环境相契合，也需要长时间的技术经验积累，如果一个地方没有开展相关项目的外部环境和民意基础，就开展不熟悉的产业项目，则会面临失败的风险。另外，某些帮扶项目在实施过程中，会因乡镇及村庄建设需求发生改变，而出现调整项目建设地点、建设内容和资金使用方案的情况，最终导致项目合并或者停滞，生产与管理成本消耗较多。同时，某些帮扶项目后期的管理维护不足。由于帮扶成员的驻村时间只有两年，加之村民的内部组织动员力度不够，项目后期缺少管理维护人员，导致帮扶项目缺少持续性，不利于其功能的发挥。

三是硬件帮扶项目较多，软件服务项目供给不足。在驻村帮扶过程中，帮扶人员为尽快地取得帮扶成效，看到帮扶效果，会倾向于争取和发展一些"短平快"的项目，这些项目在短时间内可以看到效果，既能满足村民的部分需求，也能完成驻村帮扶的考核任务。但从现实需求角度来看，经过前期的精准扶贫工作，乡村的基础设施等硬件层面已经取得了很大的进步。与之相对应的是，村民对于医疗、教育、养老、精神娱乐等软件服务项目的需求逐步增多，但驻村帮扶在这些层面的供给相对不足。与看得见、容易出成果的硬件帮扶项目相比，村民个体化、差异化的公共服务需求往往被忽略，这与实现乡村振兴的整体目标还存在不小的差距。

2.产业帮扶融合发展层面

发展乡村产业，实现产业兴旺和振兴，是驻村工作队员的主要任务。相较于村干部和普通村民，驻村工作队员在技术储备、市场敏锐度和社会资本方面，有着自己的优势。他们既能够结合当地资源优势，寻找适合本地的产业，也可以协调相关技术人员，强化产业技术指导，提升产品的产量与质量。还能通过完善基础设施建设，拓宽销售渠道，建立稳定的产销链条，保障当地百姓稳定增收。但是，驻村帮扶的产业发展也面临着一些困境，比如某些贫困村的产业发展水平较低，基本发展要素供给不足；农业产业结构相对单一，农业与二三产业融合度较低；有些地区产业同质化现象较为严重；某些乡村的产业发展较为脆弱，缺少相应的技术人才和管理人才，应对外部风险的能力不强。

一是乡村产业发展难度大，基本要素供给不足。目前，驻村帮扶队员所撬动的"人、地、钱"等要素向乡村产业流动仍存在某些障碍，农业农村基础设施和公共服务较为薄弱，乡村产业发展要素供给有所不足。这主要体现在农田水利、农产品销售流通、网络通信、科研技术等设施供给不足；人力资源供给不足；产业信息资源供给不足等诸多方面。更重要的是，现代农业和二三产业对规模化和稳定化的需求，与乡村的土地利用政策之间存在着某些矛盾。驻村帮扶干部希望发展的农产品加工、农旅结合等三产融合项目难以合法获得建设用地，产业发展受限。此外，某些产业的前期投入成本较高，且投资回报期较长，庞大的资金缺口让很多帮扶工作队难以展开手脚，只能在前期精准扶贫项目的基础上小修小补。

二是农业产业结构调整难，乡村产业融合度低。驻村帮扶队员在协助乡村发展产业过程中，经常会通过调整乡村传统产业结构，种植各类经济作物，发展特色畜牧业等方式，来提升乡村经济发展水平。但从农业生产成本收益情况来看，由于人工成本和地租成本的快速上升，农业生产成本也呈上涨趋势。加之外部自然灾害和市场变动的影响，发展各类经济作物面临着时间长、成本高、风险大等现实困难。在这种客观因素影响下，组织动员村民发展经济作物，调整产业结构，难度较大。虽然种粮食作物很难致富，但大宗粮食作物价格却可以保持相对稳定，风险较小，农户的选择与帮扶成员的选择可能存在不一致的情况。

另外，当前很多帮扶产业的供给，仅仅停留在提供初级农产品供给链条的底端，在文化传承、生态科普、健康养老等方面的功能没有得到充分挖掘，与工业加工企业、金融行业、旅游业等产业融合组成的新兴产业业态还在摸索中，农业与二三产业的深度融合不足。很多驻村帮扶队员也积极协助农户组建新型合作社、新型农业园以及农业服务平台（网站）等产业模式，培育新型农业经营主体，引导村民进入村合作社务工或通过土地入股、资金入股与产业产生联系，但这些产业模式依然存在资金、技术、政策等方面的壁垒，小农户所拥有的土地、劳动力等在市场中的可替代性较强，难以分享到更高收益。

　　三是产业发展较为脆弱，应对外部风险能力不强。在产业帮扶过程中，会遇到各类风险，影响产业帮扶效能。一是投资选择风险。这类风险主要是由于驻村帮扶者对产业发展项目的市场前景判断失误，而导致投资失败的风险。二是市场变动风险。受市场供求等因素影响，农产品的市场价格往往变化快、波动大，对产业发展带来影响。三是自然灾害风险。很多贫困乡村往往处于自然条件恶劣地区，农业及相关产业易受天气等自然条件的影响，自然灾害也构成了产业发展的一大风险。四是技术风险。这一风险既取决于产业技术的成熟程度，也取决于农民对技术的掌握程度。很多产业项目落地之后，村民只能负责简单的体力劳动，产业运营及管理等工作还需要驻村工作队寻找或者培训出更高层次的稳定驻村的管理及技术人才。上述各类风险叠加，造成产业帮扶的脆弱性强，持续创新性不足。

3.乡村集体经济持续增收层面

　　协助帮扶村庄发展集体经济，是驻村帮扶的主要任务之一。但目前，不同乡村的农村集体经济发展参差不齐，一些乡村的集体经济面临"无钱运转、无钱办事"的局面，还有一些乡村的集体经济类似于"吃租经济",只靠简单的出租土地、厂房,征地拆迁与社会捐赠等获得些许集体收入。同时,在集体经济资产量化,组织成员资格认定,集体经济法人主体地位,集体经济的治理体制,集体收入的分配等多方面,还存在很多制约因素。具体而言,驻村帮扶队员在协助发展村集体经济中,会面临如下难题。

一是乡村底子薄,集体经济收入渠道单一。某些乡村位于偏远山区,交通不便,自然资源少,村级可管理的资产少,村级集体经济发展空间小。这些贫困村集体经济收入主要依靠集体资产、资源来获取一定的租金、承包金,收入渠道单一,缺少致富项目和加工企业,村内年轻人多外出打工,村内没有发展活力和后劲。某些村现有固定资产老化,能够盘活的不多,利用率低。有些村集体产业不成规模,没有高起点可行性的发展定位与长远规划,发展后劲不足。同时,部分基层党员、干部和村民对于发展集体经济的意识弱化,"过时论""无需论"突出,认为当前市场经济条件下就是谁有本事谁致富,只要经济发展了,村民富裕了,有没有集体经济无关紧要。集体经济的薄弱造成村里各项工作缺少经济支撑,严重影响了村干部的积极性,也影响了村"两委"各项工作的正常开展,更严重影响了村里的现代化进程。

二是集体经济管理水平较弱,缺少管理人才。在集体经济运营管理方面,某些村集体经济运行机制不完善,缺乏管理人才,抵御市场风险能力不强。某些村集体资产管理责任不明确,管理不到位,集体土地、林地等资产长期无人管理。有些村把集体土地发包出去,但由于不懂经营,出现土地"承包期过长,租金过低"等现象，导致集体资产流失。同时，一部分集体经济管理者长期沿用过去的行政管理手段，过分依赖上级有关政策补助，缺乏长远考虑，把有限的村集体资源一次性发包几十年，极大地制约了村集体经济的可持续发展。有的帮扶干部缺乏经济管理方面知识，影响了村集体组织的决策能力。加上日常工作量大、任务重、强度大，时常处在被动应付的状态，顾不上指导村级组织发展集体经济，影响了村集体经济的发展，造成部分党员、群众对发展集体经济丧失信心，挫伤了发展积极性。

三是各村集体经济发展水平不平衡，不少脱贫村集体经济发展困难多。一些重点帮扶村或者城区村，依托良好的帮扶优势、区位优势，大力发展二三产业，村级集体经济率先发展起来，而部分山区脱贫村基础设施落后，政策支持力度不够，政府对村级发展集体经济引导不够，缺乏强有力的扶持措施，部分扶持方案门槛高、要求严，直接支持集体经济发展的项目和资金不多，村集体经济可持续发展力不强。某些乡村人均耕地不足，人多地少，村集体无法收益，加上每年村级事务产生的债务，逐渐累积成沉重的债务包袱，制约了村级集体经济发展。

（二）有效开展经济帮扶的步骤方法

驻村帮扶队员在开展经济帮扶过程中，可以从以下几方面着手，开展帮扶工作，助力乡村产业振兴和全面发展。

1. 立足乡村发展基础，精准制定产业发展规划

驻村帮扶队员要帮助乡村选定发展产业方向。要符合区域发

展定位，考虑群众意愿、群众特点、群众习惯，立足本村实际来选择，重点发展那些有群众基础、有地方特色、有市场前景的产业。

理清思路，找准项目，是发展乡村产业的前提条件。驻村帮扶干部要以帮扶村及所在区县为起点，深入开展调查研究，依据当地市场发展需求，和社区干部群众共同谋划发展之策，寻找致富产业。同时，要强化责任意识，立足实际，围绕既有资源优势，推进"一村一品"发展。

驻村帮扶干部协助发展葡萄产业

驻村干部要以重点项目为平台，支持乡村依法、依规、有效运用财政资金，自筹资金，社会捐赠资金等发展产业。要积极争取各类支持，用足帮扶政策，想方设法推动更多资金、项目、人才流入农村，带动资本、人才等各类要素向农村汇聚，增强乡村产业振兴的信心和底气。

2. 优化产业组织体系，深化农村产权制度改革

良好的产业组织体系是提高驻村帮扶效率的重要保障。在市场机制下，驻村帮扶队员要优化产业组织体系，充分建设和协调农户、家庭农场、合作社、合作社联合社、产业化联合体、社会化服务组织等各种类型的农村产业组织，充分挖掘不同经营主体的资源禀赋，提高产业发展效率。

驻村帮扶干部进入致富车间开展调研

驻村帮扶队员可以以土地整治为核心，拓展产业用地供给渠道，提升产业用地保障，鼓励以农业产业发展为导向的土地集约经营。可以结合产业发展规划需求，统筹协调农村承包地、宅基地和

建设用地置换，实现产业用地复合利用，提高土地利用效率。积极支持返乡人员依托自有和闲置住宅，发展适合的乡村产业，赋予农民更多的财产权益和经营权利。

3. 谋划产业结构调整，壮大乡村集体经济

驻村帮扶队员要积极协调帮扶村庄调整农业产业结构，促进土地流转，建设适宜的农业种养殖项目，发展一乡一业、一村一品特色经营。在种养殖基础上，发展农产品加工业，延长产业链条，促进一二三产业融合发展。在深加工、提高产品附加值的基础上，还注重建设稳定的销售市场，一方面发展电商销售平台，打开网络销路；另一方面借助派出单位的支持，开展消费扶贫，通过消费者的良好口碑打开当地市场。

驻村帮扶干部协助村民发展致富车间

在集体经济发展层面，驻村帮扶队员可以充分盘活闲置土地资源、深入推进"三变"改革，积极招商引资，通过"合作社＋会员＋贫困户""支部＋合作社＋贫困户"等模式，由合作社提供原料和技术指导，并统一回收，降低农户的经济风险，最终发挥集体企业对农户的带动作用，带动有发展意愿的农户逐步走上产业发展之路。

三、如何开展乡村建设行动

实施乡村建设行动，是全面推进乡村振兴的重要载体和抓手。驻村帮扶干部要把乡村建设行动摆在帮扶工作的重要位置，协助村"两委"强化乡村建设规划，提升基础设施建设水平，持续改善村容村貌和人居环境，优化乡村生产生活生态空间，建设美丽宜居乡村。

（一）乡村建设行动难点的主要表现

目前，乡村建设行动加快实施，已成为推进农业农村现代化的重要抓手，但在建设资金的投入管理、发展规划的设计执行、多元主体的组织参与和各类项目的持续运营等方面，还存在一些难题，距离全面实现乡村振兴，助推农业农村现代化的要求，还有一些差距，需要抓住关键、强化举措、逐步突破，为全面推进乡村振兴打下坚实基础。

1. 乡村建设的资金储备层面

乡村建设行动是集农村供水、用电、道路、住房和网络等重点领域的基础设施建设，人居环境改造，厕所改造和村庄规划在内的系统性、复杂性工程，需要大量的资金储备作为建设基础。但目前来看，很多乡村，尤其是原先的国家级、省级重点贫困村，在农村基础设施建设和人居环境改善层面的欠账较多。同时，乡村产业、教育、文化、卫生、社会保障等其他方面，也需要大量的资金投入，需要统筹安排，制约了乡村建设行动的持续运行。当前，多数村集体的集体经济发展薄弱，资产透支、流失现象严重，无力承担起乡村建设所需资金。所以，大部分乡村建设行动所使用的资金，基本为上级的专项补助资金和各类奖补资金，或者是第一书记协调的发展资金，但各类资金投入分散，使用效益较低，资金缺口仍然较大。而且，一些贫困村由于地理环境和自然条件的制约，无法引进社会资金，社会融资困难，社会资本投入不足，在基础设施和人居环境项目的后期管理维护中资金受限，只能小修小补，无法形成长效机制。尤其是很多空心村，由于人口外流严重，缺少人力和物力支持，使得前期的大量建设投入资金，面临有名无实，有形无质的尴尬处境。所以，在乡村建设行动中，大到道路、厕所、雨污分流项目，小到垃圾桶、路灯等村容环境改造工程，都需要依赖财政资金的投入。而乡村振兴不仅仅是实现基础设施的改善和人居环境的提升，产业振兴、组织振兴、文化振兴、人才振兴等各领域的资金需求都会越来越大，加之一部分地方财政较为困难，很容易出现财政资金支持不足而无法开展工作的情况。

2. 乡村建设的发展规划层面

乡村建设，规划先行。在乡村建设行动体系中，设计符合乡村发展特色，满足居民多元需求，遵循乡村发展规律，依托乡村既有资源的乡村发展规划，是保证乡村建设持续有效的基础要素。目前，某些乡村的建设规划较为缓慢或者根本没有规划，某些乡村的建设规划不符合乡村发展实际，某些乡村的建设规划没有征求居民建议，只是自上而下的安排式规划……这些都成为驻村帮扶乡村建设的难点，不利于乡村振兴工作的全面开展。造成这些困难的原因是多维度的，一是我国村庄的数量多、类型多样，政府统一政策指导的整合型实用性村庄规划，与原有村庄既有土地利用规划和建设规划融合度不够，极易造成"有规可依"，又"无规可依"的无序状态。二是在建设规划过程中，某些村庄没有处理好统一标准和尊重差异的关系，建设特色不突出。一方面，某些村庄的乡村建设观念和主题不明确，盲目照搬复制已有的模式和经验，偏离本村实际，同质化情况严重，最终造成很大资源浪费，无法形成社会收益。另一方面，某些规划没有结合本村自然资源和经济条件来精心打造，未能彰显个性特色的乡村风貌。某些村庄在没有产业链支持的情况下，盲目发展休闲观光旅游业，造成产业发展与乡村建设行动脱节。三是乡村的建设发展规划，要融入国土空间规划体系之中。要按编制程序，由县乡级国土空间规划部门，具体明确村庄分类和布局、村庄单元划分等重点内容，再在村庄规划中确定村域空间布局。但目前各县乡国土空间规划编制进展参差不齐，村庄规划编制较为滞后。同时，在具体执行过程中，乡镇人民政府负责具体组织编制，但因乡镇专项经费有限、专业人才匮乏，乡村建设规划编制较难落地。

3. 乡村建设的主体参与层面

乡村建设行动是一项系统性、综合性工程，靠政府单一主体力量，自上而下的安排式运作，很难持续。需要包括乡村振兴局在内的各级政府相关部门，以及企业、社会组织的积极参与。但是，在具体实施中由于缺乏统一的组织协调机构，某些乡村建设行动缺乏顶层设计和统一的政策指导，往往成为单兵作战，集体合力发挥不足。部门之间组织协调难度大，使某些事项要么多头管理，要么无人负责，影响乡村建设行动的持续开展。另外，某些地区乡村建设行动"为民而建"的重要性没有得到充分体现。在乡村建设规划、组织管理、后期维护等各个环节，农民的主体地位没有充分发挥，农民的意见没有充分吸收，农民的行动参与度不够。某些驻村帮扶干部和村干部思想认识不到位，乡村建设行动的主动性和大局观不够，组织动员的意识和能力不强，不能有效调动群众主动参与建设的积极性，"干部在干，群众在看"现象依然存在。

4. 乡村建设的持续机制层面

当前，某些乡村建设行动还存在机制不够健全，稳定性不强的问题。主要表现在如下方面，一是存在硬件建设有余，而软件管理服务不足的问题。部分乡村在建设过程中，比较注重硬件设施建设，却不注重乡村建设的总体和长期规划，后期的组织管理体系建设不足，导致短期行为多、整体设计少，缺乏整体性长远性建设思维。二是乡村建设的长效管理和考核机制没有充分施行。某些乡村的驻村帮扶队员和村"两委"干部对乡村建设的运行缺乏动态监督和管理，出现了"重建设、轻管理"的管护难题。三是某些乡村的建设行动，没有兼顾乡村建设与产业建设、文化建设、组织建设和人才建设之间的关系，基础设施的建设、村容村貌的改善和生态环境的治理，未能有效融进整个乡村的大格局之中，不同维度的乡村发展任务存在脱节的现象，多要素互相融合、相互促进的深度和程度不够。尤其是，某些农村的产业发展与乡村建设行动联系不紧密，农村文化景观、农事活动、传统村落等人文乡土资源的挖掘和农产品开发程度不够，市场敏感性不强，制约了乡村建设行动的长远发展。

（二）有效开展乡村建设的可行路径

乡村建设行动是全面推进乡村振兴的关键要素和重要前提，驻村帮扶队员需要在帮扶过程中，从拓展资金来源、建设发展规划、动员社会力量等多方面，协助村"两委"、村民，建设好、发展好自己的家园。

1. 多渠道拓展建设资金来源

乡村建设资金投入大，只靠政府财政资金大包大揽是不能持续的。驻村帮扶干部在帮扶过程中，要统筹存量、盘活增量，努力增加帮扶村的乡村建设资金。具体而言，可以从以下两个方面，拓展乡村建设的资金来源，丰富建设资金供给体系。一方面，要积极争取与协调各级政府财政帮扶资金，突出政府财政优先保障的主导作用，充分利用好"一事一议财政奖补资金，乡村建设专项资金"等资金储备，通过财政资金撬动更多金融资金和社会资金投向乡村建设。另一方面，要发挥市场配置资源的基础性作用，突出民间资本和社会资本的参与机制，拓宽资金筹措渠道。鼓励吸引工商资本、银行信贷、民间资本和社会力量参与美丽乡村建设，解决乡村建设投入与需求矛盾。一是完善农村金融服务体系，引导农村金融机构为乡村建设提供多元化、多样化的金融服务，逐步解决乡村建设中的融资难、融资贵、融资慢问题。二是引导民间资本和社会资本积极参与到乡村建设行动中，要积极探索利用政府购买服务等方式，由相关企业去运作管理具体的建设项目，有效规避后期管理维护不足的风险，形成长效运行机制。三是建立有效的引导激励机制，鼓励社会力量通过结对帮扶、捐资捐助和智力支持等多种方式参与乡村基础设施建设和人居环境改善中，形成"部门投入整合、政府财政奖补、集体经济补充、农民筹资筹劳、社会捐赠赞助"的多元化投入格局。

2. 坚持全面统筹与特色发展兼顾的建设规划

驻村帮扶干部在帮扶乡村过程中，要坚持全面统筹与特色发展兼顾的乡村建设规划原则。一方面，要坚持以普惠性、基础性、兜底性民生建设为建设重点，改善农村生产生活条件，努力让农民就地逐步过上现代文明生活。乡村建设的水平、标准、档次，要因地而宜、高低有别，重点是保证基本功能，解决突出问题。加强农村道路、供水、用电、网络、住房安全等重点领域基础设施建设，持续整治提升农村人居环境。对于那些既有利于生产，又有利于生活的设施，比如农村道路、仓储冷链和物流设施等要优先安排，加快建设。要通盘考虑土地利用、产业发展、居民点建设、人居环境整治、生态保护、防灾减灾和历史文化传承等乡村发展规划。因地制宜、分类推进村庄建设，规范开展全域土地综合整治，优化布局乡村生活空间，严格保护农业生产空间和乡村生态空间。要健全城乡基础设施统一规划、统一建设、统一管护机制，推动市政公用设施向郊区乡村和规模较大中心镇延伸，完善乡村水、电、路、气、邮政通信、广播电视、物流等基础设施建设。开展农村人居环境整治提升行动，持续解决"垃圾围村"和乡村黑臭水体等突出环境问题。推进农村生活垃圾就地分类和资源化利用，以乡镇政府驻地和中心村为重点梯次推进农村生活污水治理。支持因地制宜推进农村厕所革命，深入开展村庄清洁和绿化行动，实现村庄公共空间及庭院房屋、村庄周边干净整洁。

另一方面，要发挥特色优势，因地制宜建设乡村。驻村帮扶队员所在村落的发展基础不尽相同，乡村建设行动也要因地制宜、科学规划、突出特色。要注重保护乡村原生态和乡土情怀，体现乡土风情，让良好生态环境成为美丽乡村建设的重要支撑点和展现点，真正打造各具特色的"望得见山、看得见水、记得住乡愁"的美丽乡村。驻村帮扶队员可以协助村民，根据不同资源类型对村庄进行分门别类规划，把历史、文化、乡土等元素融合在一起，丰富村庄的人文精神和文化内涵，做到现代与传统融合、经济与文化统筹、自然与社会和谐。在编制村庄规划时，要坚持近期、中期、远期相结合，突出规划的科学性、可行性和可操作性。从各地实际出发，结合特色小镇、美丽乡村建设，走差异化特色化发展道路，把党中央的政策精神同本地农村实际相结合，充分考虑村庄实际、乡村生活特点、农民群众意愿和乡村振兴要求，避免采取"一刀切"式的乡村建设。

驻村帮扶干部与村"两委"讨论村庄发展

3. 以农民为主体，组织动员社会力量参与乡村建设

在乡村建设行动中，驻村帮扶队员要坚持乡村建设为农民而建的基本原则，充分认识乡村建设的长期性、复杂性，把握好工作的时度效，坚持数量服从质量、进度服从实效。要充分尊重农民意愿，农民期盼干的抓紧干，农民愿意干的带着干，农民不愿意干的先放一放、缓一缓。要始终坚持农民是乡村生产生活的主体，既是乡村建设的受益者，更是行动主体。要把农民组织动员起来，充分发挥农民的主体作用。一方面，要尊重农民需要，把乡村建设成符合农民生产与生活需要的美丽幸福家园。农民需要包括农业生产需要，也包括衣食住行以及地方特色的乡村习俗、人际交往和娱乐等生活需要。乡村建设者要充分理解、尊重和挖掘村民的多元需求，避免以自己的好恶代替农民的需要。同时，要为农民参与建设乡村

创造条件，激活农民建设家乡的内生动力。在乡村建设项目的设计、施工、使用与维护过程中，充分依靠农民，引导、组织和激励农民积极参与乡村建设。利用志愿参与、公益岗位和购买服务等多种参与方式，提升村民的主动参与意识。比如，农村厕所改造、庭院环境卫生和绿化美化等农民户内和房前屋后的事，要放手发动农民群众来干。政府重点做供水保障、污水处理、生活垃圾的收集转运和集中处理等农民干不太好的事。

另一方面，要处理好政府与市场、社会的关系，探索建立"政府引导、市场运作、社会参与"的乡村建设格局。一是要处理好乡村建设主管部门与其他部门之间的关系。乡村建设是各政府部门的共同责任，在党委政府领导下，相关部门要各司其职，各尽其责。驻村帮扶队员可以整合相关部门资源，形成建设合力，把各种分散在各个部门中的惠农资金，统一整合到乡村建设平台上，使之发挥最优效益。二是要在党组织的领导下，动员全社会力量，形成推动和促进乡村建设的合力。各类社会组织、志愿者队伍、民营企业等社会力量在乡村环境治理、环境美化、垃圾分类、乡村新生活方式的形成，乡村养老、助残、教育等公共服务方面有自己的独特优势，可以降低政府部门在推进乡村建设中的高成本压力，提升乡村建设行动的整体效能。所以，驻村帮扶队员可以协助基层政府部门，畅通和规范市场主体、新社会阶层、社会工作者和志愿者等参与乡村建设的途径，积极发挥村民自治和社会组织的作用，大力培育和发展乡村社会组织，探索农民自我组织、自我维护、自我管理的乡村建设机制，保证乡村建设的持续发展运行。

驻村帮扶干部协助开展村民查体工作

四、如何提升乡村治理水平

提升乡村治理水平，推动健全党组织领导的自治、法治、德治相结合的乡村治理体系，重点围绕保障和改善农村民生、密切党群干群关系，实行网格化管理和精细化服务，促进农村社会和谐稳定，是驻村帮扶的重要任务。村庄公共性作为维系乡村社会内生秩序的重要基础，在乡村治理中起重要作用。但伴随乡村青壮年和能人精英的不断离开，村民们对土地的依赖程度以及对村庄公共事务的关注度持续走低，留守在家的老弱妇幼基本无心更无力参与村庄公共事务治理，给驻村干部有效嵌入乡村振兴带来了一定冲击。

（一）乡村治理难点的主要表现

1. 乡村"两委"班子的工作创新层面

目前，某些村基层党组织"软弱涣散"的问题仍然存在，主要表现在农村党员干部普遍文化程度低、年龄偏大，组织生活不规范，党员先锋模范作用和支部战斗堡垒作用发挥不明显。

乡村治理涉及各种各样的复杂事务，要求基层党组织具备较强的治理能力。但是受多种因素制约，某些基层党组织的机构不健全，内部人员业务素质不高，影响党建工作的有序开展。同时，各个部门的职责划分不清晰，相关人员责任感不强，导致政府文件的精神传达不及时、落实不到位。

在城镇化建设过程中，农村青年纷纷向城市转移，导致村"两委"成员大多文化水平不高且年龄偏大。这部分村干部在乡村治理中会存在思路不宽、工作方式单一、创新能力不足、服务意识淡薄等问题。在具体工作中，有些干部会过分看重个人利益，不积极参与党政思想教育活动，对于村民关心的热点问题关注度不够。针对新问题、新情况，不懂得以人为本、与时俱进，习惯采用过去的工作方式来解决问题，创新难度大，影响了乡村治理水平。

面对上述基层组织弱化的突出问题，某些驻村干部显得能力不足、办法不多，没有将党建工作与产业发展等中心工作有机结合起来，没有发挥党建引领作用，影响了乡村治理创新。

2. 乡村公共服务的整合提升层面

全面推进乡村振兴，实现农业农村现代化，是一项系统性、整体性和长期性的发展战略。目前，乡村振兴仍然处于起步阶段，有很多体制、机制问题需要捋顺，也面临着很多实施难题。

乡村老龄化就是一个非常关键的问题。《2020年度国家老龄事业发展公报》指出，中国乡村的老龄化水平明显高于城镇。截至2020年11月1日零时，乡村60周岁及以上、65周岁及以上老年人口占乡村总人口的比重分别为23.81%、17.72%，比城镇60周岁及以上、65周岁及以上老年人口占城镇总人口的比重分别高出7.99个百分点、6.61个百分点。相较于城市而言，农村老龄化率高，程度深，失能、丧偶、流动老年人等特殊老年群体的需求较为突出，亟须更多的社会关注、政策扶持与公共服务。

由于很多农村集体经济组织职能弱化，农民组织化程度低，农业副业化和农村空心化严重，农村生产生活方式正在发生深刻变化，乡村新型服务业需求旺盛。但目前乡村的生活性服务业主要集中在衣食住行、养老、婚丧嫁娶等传统领域，服务内容和服务质量均未得到升级，康养、文化娱乐、教育、家政等公共服务业发展仍在起步阶段。乡村公共服务业的发展力度和水平主要依托政府的直接干预，市场发育不足，乡村公共服务的整合提升受限。

3. 乡村三治融合的机制建设层面

随着农村经济和社会改革的不断发展，简单划一的治理模式已显露出很大的局限性，也很难大幅提升治理效能，因此必须在"自治、法治和德治"的结合与协同上下功夫、做文章。但目前某些农村的乡村治理机制，仍以单一模式为主，注重一方面而忽略了其他两方面的治理要素，在"三治"结合上缺乏有效协同。"三治"各要素内部建设以及外部关联呈现出单一化、碎片化倾向，严重制约着乡村治理的整体效能。

一方面，村民参与乡村治理的意愿不够强烈，加之某些基层政府尚不能完全形成"服务型"行政理念，外部行政权力行使惯性和村级自治组织建设不规范、不完善，导致其很容易在法律规定的"指导"之外"干预"乡村自治事务，自治效率不高。

另一方面，随着经济社会的发展，一些与社会主义核心价值观相悖的不良习气浸入农村，造成乡风道德下滑，使得这种本来具有德治优势的农村治理力量被削减。

最后，在具体治理实践中，有些制度缺乏统一规划和有机整合，乡村发展规划、公共服务体系建设等统筹不够，治理信息互通与资源共享存在一些障碍，一些地区存在驻村工作人员配置不合理、服务不精准等问题，乡村治理的规范化、统筹化程度相对较低，没有形成推进工作的合力。

同时，大数据、互联网、人工智能和区块链等现代科技正在改变着乡村治理方式，对乡村治理效果提出了更多要求和更高标准。但是，我国乡村信息化建设起步较晚，信息化综合服务设施覆盖率较低，数字乡村治理任重道远，信息化视域中的乡村三治融合机制建设有待加强。

（二）有效开展乡村治理的主要办法

当前，为了推进乡村建设发展和破解乡村振兴难题，第一书记和驻村干部应该着力巩固农村基层党组织，增强自治组织的主体责任意识，提升第一书记的治理水平，积极培育乡村内部治理人才，由此形成政府治理、社会参与和群众自治的合作共治格局。

1. 加强村党支部"三化"建设，提高干部工作能力

驻村帮扶干部要协助加强帮扶村党支部"标准化、规范化、信息化"建设，把抓"三化"建设和推动乡村振兴结合起来，科学规划党群服务中心和新时代文明实践站等功能阵地的布局，扎实搞好基层党建，全面打通服务群众"最后一米"。

驻村帮扶干部与村"两委"共同学习政策

积极推动村"两委"班子建设，提高基层干部的工作能力。驻村帮扶干部要着力抓班子、带队伍，从健全各项制度着手，落实村务公开、民主决策等各项制度。同时，要处理好与农村党员干部之

间的关系，进一步激发他们的积极性、主动性和创造性，推动村党组织在宣传党的主张、贯彻党的决定、领导基层治理、团结动员群众、推动改革发展等方面能力的提升。

强化对村党组织书记的培训和指导，对于挂牌督战的重点村可以实行重点包保，在村内设立双"第一书记"，增强党建和帮扶力量；积极联络村内老党员，为老党员发挥作用搭建载体；积极发展年轻党员，选育后备力量，为建强基层组织提供持续动力。

2.加强青年党员培养，充实乡村治理后备力量

驻村帮扶干部可以结合"大学生回村工程""一村一名大学生工程"等，加大力度在新生代青年农民中培养和发展一批文化水平高的党员，将作风好、能办实事、有奉献精神、带富能力强的年轻人发展为支部后备力量，着力解决农村基层党组织中年轻人少、高学历人才少等突出问题。

积极调研帮扶村的人才需求，开拓思路，内培外引，全力对接乡村人才振兴。积极协调外部帮扶单位和社会组织力量，加强乡村治理类人才培训，实施具有地方特色、符合地方发展规律的乡村治理人才工程，有效提升人才培训体系，积极发挥党建在乡村治理中的引领作用，强化乡村振兴的智力支撑。

3.健全党组织领导的三治融合乡村治理体系，建设治理平台

驻村帮扶干部要坚持"共建共治共享"理念，健全党组织领导的三治融合乡村治理体系，构建"组织网格"和"综治网格"相结合的乡村组织体系，不断探索创新乡村治理模式。一方面，要积极培育群众民主法治意识，提高村民法律素养和法治能力，引导群众

自觉运用法治思维和法治方式管理公共事务。另一方面，可以建立乡贤理事会，通过制定村规民约、家规家训、道德"红黑榜"等形式，弘扬道德新风尚，传播社会正能量，发挥群众参与乡村社会治理的积极作用。

积极推动农村社会治理平台载体建设，围绕把矛盾化解在基层的目标，整合优化各类治理资源，整体推进农村社会治理平台建设，激发群众参与农村社会治理的积极性，提升群众对农村社会治理的满意度，促进农村社会和谐稳定。

五、如何助力乡村人才振兴

人才是第一资源，乡村人才则是农业农村现代化的关键要素。中共中央办公厅《关于向重点乡村持续选派驻村第一书记和工作队的意见》提出，要帮助培育乡村发展后备力量，发展年轻党员，吸引和培育农业生产经营类、农村二三产业发展类、乡村公共服务类、乡村治理类、农业农村科技等各类人才，建立健全乡村人才振兴体制机制。目前乡村各类人才短缺是一个普遍的问题，乡村面临"农村空心化""农业边缘化"和"农民老龄化"三大问题，而这些问题归根到底与农村人才流失紧密相关。许多乡村人才的不断流失，导致村庄缺人气、缺活力、缺生机和乡村振兴过程中普遍面临着"人才稀缺化"现象，成为驻村帮扶工作的主要困境之一。

（一）乡村人才帮扶难点的主要表现

驻村帮扶制度意在借助外部力量激发乡村内生动力，共同带领贫困群众脱贫致富,实现乡村贫困治理目标。精准扶贫期间,驻村干部用真才实干带领贫困群众共同向着脱贫致富的目标前进。然而,由于时间紧、任务重,脱贫攻坚工作主要依靠体制内自上而下的行政性力量推动,驻村干部开展了一些"输血式"帮扶工作,对贫困村实施"造血式"帮扶措施还要继续优化。同时,部分贫困群众对驻村干部过度依赖,产生了依赖心理,内生发展动力还有待提升。

1. 乡村青年人才组织层面

在驻村帮扶过程中,某些地区的乡村人才结构存在人才总量不足、素质不高、层次不优等问题。乡村内生人才存量和外生人才增量,均不足以支撑乡村振兴的现实需求。乡村人才的知识水平、技能水平、综合素质等禀赋条件,无法满足乡村全面振兴的需求。乡村人才的年龄层次、等级层次等也存在完善空间,很多村基层组织基本靠50—60岁的人维持,组织管理能力和发展创新能力亟待提升。农村中青年优秀人才,尤其是优秀管理人才、农业技术人才、电子商务人才、社会服务人才、农村致富带头人等各类人才紧缺,成为制约乡村振兴战略实施的最大难题。

2. 乡村发展人才流动层面

在国家宏观政策的积极引导下,回流乡村人才数量尽管有所增加,但依然无法满足乡村全面振兴的需要。多数外出人才依然更倾向于在城市继续拼搏或在城镇定居。受过教育的知识分子离土离乡,大量青壮年劳动力外出务工,乡村面临不同程度的人口空心化问题。留守老人、留守妇女、留守儿童成为乡村的主要人口结构。

对空心化严重的乡村而言，乡村人才振兴任重道远。

一些乡村人口居住较为分散，人口密度较低，加之交通不便，小城镇发展缓慢且规模较小，工业集聚功能差，缺少工业园区和龙头企业，村民就近就业难度大。长期以来，城乡二元结构导致城乡之间存在经济发展、薪资待遇、工作条件、创业环境、基础设施和公共服务等现实差距，成为农村在外人才不愿回到家乡的重要原因。人才要扎根乡村，面临着住房、交通、就医、子女上学等一系列实际困难。某些乡村缺乏产业发展整体规划，没有营造有利于产业发展的良好政策环境和提供必要的要素支持，缺乏高收入的就业岗位，产业类型多以劳动力密集型为主，不能给人才提供发挥才能的平台，无法形成产业人才的"集聚效应"，导致乡村人才流动在外，无法为乡村振兴贡献力量。

3. 乡村人才培育机制层面

由于城乡结构约束、财政投入有限等，乡村人才供给层面的培育机制和引进机制尚不完善。主要表现为：协调性不足，各地或是过于依赖内生人才培育，或是过于强调外生人才引进；针对性不足，尚未完全实现因地而异、因地制宜；系统性不足，既有培育、引进措施相对分散，尚不足以形成可以一以贯之的、系统性或体系化的机制。在乡村振兴战略背景下，多数农村均较为重视乡土人才培育，举办各种农村人才培训活动，以期助力农村发展。但是，某些农村人才培育模式不完善，培训质量不佳。其原因主要有：第一，农村教育培训缺少规划性的统筹，没有整合、分类培训内容，无法对不同类型的农村人才开展针对性培训，而且培训的师资、教材、场地、时间等要素缺乏统一安排。临时通知、临时培训、临时组建居多，未能实现制度化管理。第二，培训师资力量的配备多数是临时抽调，培训课时欠缺，培训内容与实际应用脱节，导致培训质量低。第三，乡村产业人才队伍建设机制、人才评价机制和激励保障机制不完善，产业人才培养基地较少，教育培训资源相对分散。上述问题，制约了乡村人才培育机制的有效性。

（二）有效开展人才帮扶的可行路径

在乡村人才帮扶层面，驻村工作队员可以从以下方面着力，改进乡村人才发展困境，为乡村人才振兴提供内源发展动力。

1. 加大乡村人才培养力度，创新人才引进机制

驻村帮扶队员可以针对乡村全面振兴，对知识更新、技能升级、素质拓展的需求，重点提高村民的新知识、新技能、新业务的应用能力，拓展各类人才在乡村产业领域、治理领域的发展空间。对乡村发展急需的各类人才，如高素质农民、农村致富带头人、技术人员、服务人才、经营管理人才、医疗护理类人才等，加大培训力度和普及力度。着重协助村民提素质、优结构，弥补新产业、新技术、新服务、新业态的人才缺口和能力缺口。

同时，要积极创新探索人才引进机制，围绕农村产业链、供应链、价值链需求打造人才供给链。借鉴城市人力资源服务业的发展经验和发展模式，依托驻村帮扶单位的优势，健全统一规范的人力资源市场体系，促进人力资本下沉乡村，布局发展乡村人才振兴服务业，以市场机制引导社会主体从事乡村人才供给、中介、信息服务。

2. 扶持青年人才下乡创业，提升人才培养质量

驻村帮扶队员要协助基层政府，加大青年人才下乡的扶持力度。可以积极探索大学生村官定制模式，作为乡村振兴的参与者，新理念和新技术的传播者，农民增收的领导者。

大学生村官等青年人才是推动乡村振兴的关键，要为青年人才下乡创业搭建平台，提供生活、工作、情感等多方面的支持引导，建立青年人才多层次教育培训体系，提升青年人才的综合素质。

可以依托乡情乡愁纽带，建立有效的物质、晋升等激励机制，加大返乡青年和下乡青年的创业服务力度。也可以实施各类人才引进计划，强化农村基本公共服务，吸引支持年轻企业家、党政干部、专家学者、医生教师、规划师、建筑师、律师、技能人才等，参与村民自治和基层民主协商工作，全面服务乡村振兴事业。

3. 营造良好产业发展环境，畅通人才返乡渠道

驻村工作队员可以搭建工作平台，推动产业人才柔性下乡返乡。利用人才引进政策，结合地方产业发展实际，推动产业人才组团下乡返乡创业。完善乡村产业人才建设机制、培养机制、认定机制和激励保障机制。

鼓励人才以资金、技术和科技成果等入股乡村产业项目，为乡村产业人才免费提供学习进修、培训的机会，吸引人才下乡返乡。可以从乡村精英、村内外出打工能人、退役军人等入手，努力培养造就一支懂农业、爱农村、爱农民的"三农"工作队伍，为乡村发展带来社会资源、生产技术和管理经验，为推动乡村振兴提供有力的人才支撑。

参考文献

[1] 刘海洋:《乡村产业振兴路径:优化升级与三产融合》,《经济纵横》2018 年第 11 期。

[2] 汪恭礼:《乡村振兴战略视角下的农村三次产业融合发展探析》,《河北大学学报(哲学社会科学版)》2018 年第 6 期。

[3] 方志权:《农村集体经济组织产权制度改革若干问题》,《中国农村经济》2014 年第 7 期。

[4] 李丹阳、张等文:《驻村干部嵌入乡村贫困治理的结构与困境》,《中共福建省委党校(福建行政学院)学报》2021 年第 4 期。

[5] 黄博琛:《乡村治理的困境及出路》,《农业经济》2022 年第 1 期。

[6] 梁民强:《当前提升乡村治理效能的困境及对策探究》,《甘肃农业》2021 年第 12 期。

[7] 郑会霞:《如何突破乡村治理面临的四重困境》,《人民论坛》2020 年第 18 期。

[8] 刘玉侠、张剑宇:《乡村人才振兴:内涵阐释、困境反思及实现路径》,《重庆理工大学学报(社会科学)》2021 年第 11 期。

[9] 赵超:《乡村产业人才队伍建设的困境与突破》,《乡村振兴》2021 年第 10 期。

[10] 萧子扬:《迈向 2035 的乡村建设行动:何谓、为何与何为?——基于百年乡村建设连续统的视角》,《农林经济管理学报》2021 年第 1 期。

第五章　驻村帮扶的工作方法和能力提升

【导语】

　　驻村帮扶乡村振兴的工作方法和能力是提升驻村帮扶工作成效的重要工具。历史证明驻村帮扶工作方法的有效性，且掌握驻村帮扶工作方法与提升驻村帮扶能力有助于驻村帮扶工作有序开展，满足当下发展阶段的迫切需求以及巩固拓展脱贫攻坚成果与全面推进乡村振兴。在驻村帮扶乡村振兴工作中，驻村帮扶干部以群众主体工作法、精准工作法、统筹推进工作法等工作方法，同时提升贯彻落实中央政策的能力、协调干部与群众关系的能力、建强基层党组织的能力、加强主动学习的能力以及带领群众增收致富的能力，为有效解决驻村帮扶工作的重点与难点问题提供方法能力支持。

一、驻村帮扶工作方法和能力的重要性

　　向农村选派驻村工作队是中国共产党的传统工作方法。经过历史证明，在不同历史阶段驻村帮扶工作取得相应的工作成效，并发挥着不可或缺的重要作用。驻村帮扶作为重要的帮扶方式，为实现脱贫攻坚目标与乡村发展起到积极作用。总结驻村帮扶乡村振兴的工作方法和能力对于提升驻村帮扶乡村振兴工作成效具有重要作

用。掌握驻村帮扶工作方法、提升驻村帮扶工作能力符合现阶段乡村发展的现实需求,有助于驻村帮扶干部顺利开展驻村帮扶工作,提升驻村帮扶工作成效,巩固拓展脱贫攻坚成果与全面推进乡村振兴。

(一)满足现阶段乡村发展的迫切需求

习近平总书记强调,"脱贫摘帽不是终点,而是新生活、新奋斗的起点","要切实做好巩固拓展脱贫攻坚成果同乡村振兴有效衔接各项工作,让脱贫基础更加稳固、成效更可持续"。[①] 实现打赢脱贫攻坚战目标后,全面推进乡村振兴,实现了"三农"工作重心的历史性转移。如何把巩固脱贫攻坚成果同乡村振兴有效衔接起来并全面推进乡村振兴战略意义重大、任务艰巨。2021年2月,《中共中央 国务院关于全面推进乡村振兴加快农业农村现代化的意见》明确提出要"坚持和完善向重点乡村选派驻村第一书记和工作队制度",这标志着驻村帮扶制度是一项长期制度设计,且是我国国家制度体系和治理体系的重要组成部分。驻村帮扶工作是落实党中央、国务院决策部署的有力举措,是建强村党组织、夯实党在农村执政根基的客观要求,是推进强村富民、逐步迈向共同富裕的客观要求,是提升治理水平、促进乡村和谐稳定的客观要求也是为民办事服务、坚守人民立场的客观要求。掌握驻村帮扶乡村振兴工作方法与提升驻村帮扶乡村振兴能力是推进驻村帮扶巩固拓展脱贫攻坚

---

① 习近平:《在全国脱贫攻坚总结表彰大会上的讲话》,2021年2月25日,新华网。

成果的必然要求与全面推进乡村振兴的重要方式，能够满足当下阶段乡村发展的迫切需求。

（二）顺利开展驻村帮扶工作的重要条件

掌握驻村帮扶乡村振兴的工作方法，提升驻村帮扶乡村振兴的工作能力是驻村帮扶干部顺利开展驻村帮扶工作的重要条件，并为提升驻村帮扶工作成效提供有效工具。农村基层工作有其特殊性和复杂性。对于驻村帮扶干部而言，大多是从机关而来，在自己专业领域做出过不同的贡献。由于驻村帮扶干部在原单位的工作内容及工作性质与农村工作存在较大差异，不少驻村帮扶干部在刚开始难以适应乡村工作。一般来说，驻村帮扶干部在工作经验、社会阅历方面可以适应当下农村工作的需要，但是涉及巩固拓展脱贫攻坚成果与全面推进乡村振兴的工作内容，相应的政策广而全、多且严，需要深入学习与统筹掌握才能灵活运用。因此，驻村帮扶干部在走上驻村帮扶这个全新岗位，要想做好驻村帮扶工作不仅需要理论知识做指导，更需要有工作方法的指引，从工作实践中吸取经验教训，才能更好地适应乡村工作。驻村帮扶干部要想做到"下得去、待得住、干得好"需要掌握驻村帮扶工作的基本方法，同时还需要提高驻村帮扶乡村振兴的工作能力。

（三）提升驻村帮扶工作成效的有效方式

在乡村振兴阶段，乡村地区的发展需求从解决绝对贫困问题向解决相对贫困问题转型。随着我国乡村地区社会形势的发展变化，提升乡村治理现代化水平的需求也逐步凸显。结合乡村地区贫困状况的发展变化，党和国家采取有针对性的帮扶措施，创新精准帮扶机制，增强帮扶机制的工作成效显得越来越重要。作为脱贫攻坚阶段重要的创新性制度，驻村帮扶工作落实精准扶贫政策、加强村级组织建设以及提升乡村治理水平等方面为推动贫困地区脱贫发展起到了重要作用。吸纳驻村帮扶制度的有效经验，促使驻村帮扶干部掌握相应的工作方法，增强驻村帮扶工作能力，为提升驻村帮扶工作成效提供重要的方法支撑，有助于实现帮扶地区巩固脱贫攻坚成果与全面推进乡村振兴。

二、掌握驻村帮扶乡村振兴的工作方法

在驻村帮扶乡村振兴工作中，驻村帮扶围绕如何建强村党组织、如何推进强村富民、如何落实乡村建设行动以及如何提升村庄治理水平等工作重点开展相应的驻村帮扶、推进乡村振兴工作。在此过程中，驻村帮扶干部如何解决好在工作中面临的诸多工作难点与重点问题，驻村帮扶乡村振兴的工作方法和能力则显得尤为重要。驻村帮扶乡村振兴工作方法是促进驻村帮扶工作顺利开展的重要抓手和有效工具。因此，掌握驻村帮扶乡村振兴工作方法是驻村帮扶干部"下得去、待得住、干得好"的必然选择。从实际工作出发和驻村帮扶的实践需求，驻村干部一是要坚持群众主体工作法，真正关注帮扶地区以及帮扶对象的真实发展需求，致力于解决群众最关心的问题并维护其最切身的利益，促进帮扶地区以及帮扶对象的发展。二是要坚持精准工作法，结合乡村振兴战略需求，厘清驻

村帮扶乡村振兴工作思路，精准工作的重点与难点内容，做好阶段性发力，实现驻村帮扶工作的持续性发展。三是要坚持统筹推进工作法，运用科学性系统性的战略思维方式，统筹解决乡村地区的振兴发展问题，增强驻村帮扶乡村振兴工作的科学性、预见性、精准性和系统性。

（一）群众主体工作法

树立群众观点、践行群众路线，是中国共产党的光荣传统和开展各项工作的重要法宝。坚守民心，牢记初心和使命，为人民谋福利是乡村振兴阶段各项政策制度的根本遵循。驻村帮扶是有效践行"党的群众路线"与落实国家各项战略任务的路径选择。驻村帮扶干部是离群众最直接、最近的干部，如何继承和发扬这一工作方法是每个驻村帮扶干部应该思考的问题。驻村帮扶干部应坚持群众主体工作法，尊重群众的主体性地位，主动走到群众中去，了解群众的思想生活，关注群众的真实发展需求，并注重激发群众参与乡村振兴的主动性与积极性，激活群众实现自我发展的内生动力。在具体实践中，驻村帮扶干部可以从了解群众的发展需求、了解乡村发展的需求以及提升群众参与的积极性等方面掌握和运用群众主体工作法。

1. 了解群众的真实需求

2020年，习近平总书记在中央党校中青年干部培训班开班式上的讲话中指出，"调查研究要经常化。要坚持到群众中去、到实践中去，倾听基层干部群众所想所急所盼，了解和掌握真实情况，不能走马观花、蜻蜓点水、一得自矜、以偏概全"[①]。驻村帮扶干部要沉下性子、放下身子，走进群众家中，开展深入的调查研究，掌握群众的基本情况，摸清群众的需求，了解群众的期盼。驻村帮扶干部可以关注重点监测户的返贫风险识别，及时化解返贫风险，实现动态监测管理。驻村干部可以针对重点监测户的实际发展需求，分门别类提出相应的决策策略，如关注其产业发展需求为其提供贷款资金支持，举办致富知识讲座和种养殖培训班增强其生产发展技术，发挥产业链条带动作用等，解决产业发展困境；关注其外出务工需求，通过务工技能培训、务工信息推动等服务，实现转移就业；关注因病致贫返贫等问题，做好相应的救助工作。了解群众的生存发展需求，做好监测户与返贫人口的常态化监测与精准帮扶。

2. 了解乡村发展的需求

驻村帮扶干部要了解乡村发展的需求，谋划好、规划好，坚决守住脱贫攻坚成果，走好乡村振兴发展战略的第一步，围绕农业农村现代化建设的目标，协助帮扶村实现强村富民的目标。驻村帮扶干部了解乡村在产业发展、农村集体经济、农村精神文明建设、生态文明建设以及乡村建设方面的需求与难点，通过了解产业类型、分布、规模、产销以及惠农情况，制定产业发展规划，凝聚与整合村庄产业发展的自然资源与人力资源，形成科学合理的产业发展方向；通过盘活资源，整合资源，发展当地特色农业资源，壮大农村

[①] 习近平：《在中央党校（国家行政学院）中青年干部培训班开班式上发表重要讲话》，2020年10月10日，中国政府网。

集体经济；通过扎实推进厕所革命、开展生活污水治理、进行生活垃圾处理以及提升村容村貌等改善农村人居环境，实现农村生态文明建设；通过了解村庄基础设施分布、投入以及管护情况，提升农村教育质量、医疗保障水平以及做好困难群众生活保障来做好乡村建设行动；通过乡村治理体系和治理能力现代化，建强基层党组织，增强村党组织的领导力与组织力，规范村务运行，实现德治、自治与法治"三治"融合。了解乡村发展需求，推进强村富民、提升治理水平以及为民办事的能力。

3. 提升群众参与的主动性

群众是乡村振兴的重要对象也是重要主体。驻村帮扶干部应该提升群众参与乡村振兴的主动性积极性，可以借助入户走访的契机向群众宣讲十九届及各次全会精神、中央经济工作会议、中央农村工作会议精神等，做好党和国家政策的传播者、解读者，教育引导群众听党话、感党恩、跟党走。驻村干部应与群众打成一片，真心实意为群众办实事，将群众组织起来，调动群众的积极性，激发群众的内生动力，提升群众参与乡村振兴的主动性与积极性。

印江：驻村帮扶有实招 绘出乡村"新蓝图"

在乡村振兴一线，印江自治县广大驻村干部发挥各自优势，进一步当好群众的"领航员"、做实"联络员"、做好"服务员"，扎扎实实解决群众的急难事，踏踏实实为群众服务，握好驻村工作"接力棒"，描绘乡村振兴"新蓝图"。

"严书记他们是真心为我们办好事，他们吃住在村，和我们群众打成一片，帮我们挑粪、干活，还记得我们的生日。"谈起村里的第一书记严鑫，刀坝镇天坪村杨家坪组79岁的村民佘国兰赞不绝口。2021年3月，严鑫整理行装、告别家人，来到刀坝镇天坪村开展乡村振兴帮扶工作。到村后，他和同事们一起，针对性地对全村脱贫户、监测户、新增低保户、党员、村民进行细致走访，与村民亲切交谈，了解他们的实际需求和对村里的发展愿景。严鑫说："我们是来为老百姓办实事解难事的，来不得半点'花架子'，不能搞'到此一游'。"

朗溪镇三村村第一书记任林说："如何因地制宜培育带动群众致富的产业，是我们第一书记的首要工作。"2014年，任林开始了驻村工作。时至今日，已经过去了七年的时间，驻村这些年来，他晚上与村"两委"班子谋划全村发展，白天与群众在田间地头、路边树下敞开心扉谈发展。

像严鑫、任林一样，印江637名驻村第一书记和驻村干部，从"脱贫攻坚"转为如今的"乡村振兴"，虽然工作重心发生了变化，但不变的是他们为民服务的初心。

资料来源：印江：《驻村帮扶有实招 绘出乡村"新蓝图"》，2021年9月10日，人民网。

（二）精准工作法

精准工作法是做好驻村帮扶乡村振兴的工作关键。从驻村帮扶乡村振兴工作重要内容到驻村帮扶乡村振兴的工作难点来看，如何把握驻村帮扶工作的重点与难点践行精准工作法是实现驻村帮扶干得好的重要指导性方法。随着打赢脱贫攻坚战目标的实现到乡村振兴战略逐步实施，乡村发展从实现脱贫目标到实现可持续性发展转变。驻村帮扶工作的重点内容也应随着社会背景的发展变化而逐步调整。结合乡村振兴阶段发展特征，驻村帮扶干部在乡村振兴工作中应坚持精准工作法，精准工作的重点与难点，并兼顾驻村帮扶工作的全面性，形成重点突出、点面结合的工作布局，实现驻村帮扶工作领域与工作对象的全覆盖。在具体实践中，驻村帮扶干部可以从实施精准式的济困帮扶与推动全域的普惠性发展方式来掌握精准工作法，提升驻村帮扶乡村振兴的工作成效。

1. 实施精准式的济困帮扶。驻村帮扶干部首要的任务是要防止返贫致贫，做好常态化返贫监测，并实施精准式的济困帮扶巩固拓展脱贫攻坚成果。驻村帮扶干部可以在精准识别与认定存在返贫风险农户的基础上，做好动态监测管理。通过了解重点监测户的发展需求以及发展薄弱点，驻村帮扶干部可以采取针对性的帮扶措施，严格贯彻落实精准式的济困帮扶。如，驻村帮扶干部可以协助村庄打造和发展产业项目，选择适合乡村本土资源与发展环境的产业项目，针对一些有劳动能力且有参与意愿的重点监测户，可以为其提供产业发展资金、技术支持，带动其参与产业发展实现稳定脱贫，对一些无劳动能力的重点监测户，可以利用有效的利益联结机制，通过产业带动稳固重点监测户收入，实现精准式济困帮扶。

2. 推动全域的普惠性发展。驻村帮扶干部在做好重点监测户工作的同时也要从整个乡村发展的角度来推进全域的普惠性发展。首先，驻村帮扶干部要建强村党组织，推动村干部、党员学习贯彻党的路线方针政策,加强村党支部规范建设,促进村干部担当作为,发挥党组织和党员作用;其次,推进强村富民,重点围绕加快农业农村现代化要求,加快发展乡村产业,落实乡村建设行动,同时激发内生动力;再次,提升乡村治理水平,健全党组织领导的自治、法治、德治相结合的乡村治理体系,规范村务运行完善村民组织等制度机制以及实施网格化管理促进农村社会和谐稳定;最后,落实惠民政策,落实便民利民服务,加强对困难群众关心关爱服务,推动各类资源向基层下沉,增强人民群众获得感、幸福感和安全感。

罗甸:"四抓四提升"全面推进驻村帮扶出实效

罗甸县严格落实"四个不摘"要求,抓体系建设提升组织力、抓作用发挥提升战斗力、抓保障激励提升内动力、抓督导考核提升执行力,全面推进驻村帮扶出实效,为巩固拓展脱贫攻坚成果筑牢坚实基础,为全面推进乡村振兴绘就美好"图景"。

在工作中,罗甸县结合实际,组建乡村振兴工作领导小组和乡村振兴工作指挥部,形成了县级党政主要领导亲自抓、分管领导直接抓、其他县领导协助抓和乡镇党委书记主抓、镇村两级主责、行业部门主管、挂帮单位主帮、结对干部主扶的工作体系,推行"县委常委包乡镇、其他县领导包村、部门乡镇挂村、干部包户"的网格化管理机制,委派33名县领导包保10个乡(镇、街道),78个挂帮单位包保186个村(社区),

3593名帮扶干部包保脱贫户，全面织牢乡村振兴驻村帮扶工作"网底"。罗甸县驻村帮扶队聚焦群众"急难愁盼"，着力解决群众难点问题，紧盯农村产业发展，依托"村社合一"壮大集体经济，实行"一村一品"，大力发展火龙果、百香果、脐橙和早春蔬菜种植及畜禽养殖等，组建合作社200余个，培养致富能手708名，争取项目328个，全力巩固拓展脱贫成果有效衔接乡村振兴，带动脱贫村实现发展、脱贫户实现增收。罗甸县按照"五个基本规范化"要求，结合"一中心一张网十联户"工作机制，发挥"党小组+网格员+联户长"铁三角作用，持续开展软弱涣散党组织排查整顿，全县共划分网格1244个，编制乡村规划134份，化解矛盾纠纷1600余起，标准化规范化五星级党支部创建达97%，新发展党员327人，办实事3507件，解决困难1632个，帮助谋思路出点子1303个，全面落实党的惠民政策办好民生实事。

资料来源：罗甸：《"四抓四提升"全面推进驻村帮扶出实效》，2021年12月21日，潇湘晨报。

（三）统筹推进工作法

用科学思维方法与观察、思考、分析问题是习近平总书记治国理政的一个鲜明特点。运用科学与系统性的思维方法，坚持统筹推进工作法去发现问题、分析问题，增强工作的科学性、预见性和创造性。无论在脱贫攻坚时期还是乡村振兴工作阶段，当前风险挑战逐渐增多，矛盾困难不断叠加，实现乡村振兴战略任务目标的艰巨性不断提升。乡村振兴工作是一个系统性的工程。因此，驻村帮扶干部应掌握统筹推进工作法，从系统统筹的角度推进驻村帮扶工作。在具体实践中，驻村帮扶干部可以从建强村党组织、推进强村富民、提升乡村治理水平以及落实为人民服务等方面来掌握统筹推进工作法，进而全面系统落实驻村帮扶工作。

1. 建强村党组织。建强村党组织是发挥党组织战斗力、组织力与引领力的重要方式，是驻村帮扶工作的首要关注点。驻村帮扶干部可以通过推动基层干部群众学习贯彻落实党的路线方针政策，推进村党支部的标准化规范化建设，培养党员干部力量，为村"两委"建设提供坚实的后备力量。

2. 推进强村富民。推进强村富民是实现群众共享经济社会发展成果的重要方式，是驻村帮扶干部干得好的关键着力点。驻村帮扶干部可以通过协助村庄确定产业发展方向，加快发展当地特色产业，协助帮扶项目真正落地，盘活集体资产，壮大新型集体经济，增加农民收入，为驻村帮扶干部融入乡村地区并提升帮扶工作成效提供切入点。

3. 提升乡村治理水平。提升乡村治理水平是实现农村社会稳定和谐的重要内容，是驻村帮扶工作的重要侧重点。驻村帮扶干部可以通过健全党组织领导的自治、法治、德治"三治"融合的乡村治理体系，强化村党组织的全面领导，规范村务运行，化解各类矛盾，协助村"两委"班子创新工作方式，提升乡村公共服务水平。

4. 落实为民服务。落实为民服务是保障和改善农村民生，实现为民服务的重要内容，是驻村帮扶工作的重要落脚点。驻村帮扶干部可以通过推动落实党的惠民政策，帮助困难群众申请相应的困难救助，为群众提供便民利民服务。

铜仁："五抓五促"办实事 驻村帮扶显成效

"驻村工作忙碌而繁琐，既然来到基层，就应该沉下心来，融入群众，真蹲实驻、真抓实干、真帮实扶。"这是铜仁银保监分局驻江口县双江街道兴隆社区驻村干部赵恩德对自己的要求。驻村不到一年，他已充当信息员、调查员、服务员等角色，承担起建强社区党组织、帮助居民增收致富、提升治理水平、为民办事服务等职责任务，通过"五抓五促"不断巩固脱贫成果、推进社区全面振兴。

抓党建促引领。党的领导始终是乡村振兴的根本保证。"突出矛盾问题多，群众思想复杂"这是最初来到社区最大的感受，他严格按照"上学政策、中聚民心、下摸民情"的思路开展工作，经常扑下身子搞调研，既"身入"基层，又"心到"基层，做到眼睛向下、脚步向下，全年累计开展惠民政策宣讲20次，走访农户210户。

抓监测促巩固。如何防止三类户返贫是摆在眼前的重要任务。面对走访调查收集到的农户信息和数据，刚开始一筹莫展，经主动与双江街道扶贫站沟通，按照《江口县防贫预警监测工作指南》，从识别、纳入、退出整个程序梳理思路，用于指导工作。

抓帮扶促落实。作为驻村信息员，系统建立劳动力就业信息监测台账，按月监测劳动力就业情况，精准掌握就业时间、地点、职业等信息，联动社区"两委"，为15名失业群众解决公益性岗位，帮助群众就近就业，实现有劳动力家庭1人以上稳定就业。

抓治理促提升。除履行驻村职责之外，他严格按照"一中心一张网十联户"相关要求，指导社区"两委"强化社区治理，推动法治、德治、自治在社区有机融合，基层治理和乡村振兴工作相互促进。

抓服务促和谐。日常工作中，他将巩固拓展脱贫攻坚成果同乡村振兴有效衔接与"为民办实事"实践活动相结合，坚持把"办实事、解难事、做好事"办到群众的"心坎"上，解决老百姓急难愁盼问题20个。

资料来源：铜仁：《"五抓五促"办实事 驻村帮扶显成效》，2021年12月22日，人民网。

三、驻村帮扶乡村振兴的工作能力

在驻村帮扶乡村振兴工作中，驻村帮扶干部面临着如何有效协调、处理与各方的帮扶关系，如何有效推动帮扶地区产业经济发展，如何强化基层治理体系以及如何有效培育乡村人才等困境。要实现驻村帮扶干部选得优、下得去、融得进、干得好，不仅仅需要有效的驻村帮扶乡村振兴的工作方法，还需要提升驻村帮扶乡村振兴的工作能力。

第一，驻村帮扶干部需要具备贯彻落实中央政策的能力，在有效解读中央政策、党的路线方针政策基础上，才能够正确传达与真正贯彻落实中央政策，真正将有关驻村帮扶的政策制度落到实处，实现驻村帮扶干部下得去。

第二，驻村帮扶干部需要具备协调干部与群众关系的能力，有效协调村"两委"、村干部与群众、所在乡镇党委、帮扶单位等主体的关系，实现驻村帮扶干部融得进。

驻村干部为村干部培训

第三，驻村帮扶干部需要具备建强基层党组织的能力，加强党在乡村振兴中的领导作用，通过加强基层党组织建设，发挥基层党组织战斗堡垒作用，助推帮扶地区破解基层治理难题，促进组织振兴，实现乡村地区德治、自治、法治相结合，提升基层治理效能。

第四，驻村帮扶干部需要加强主动学习能力，利用多种培养学习方式，提升农业农村农民的相关认知，提升驻村帮扶的相关专业知识，成为懂农业、爱农村、爱农民的专家。

第五，驻村干部需要具备带领群众增收致富的能力，通过推动乡村产业发展，发展壮大新型农村集体经济，提升带领群众增收致富的能力。

（一）贯彻落实中央政策的能力

贯彻落实中央政策的能力是驻村帮扶干部做好帮扶工作的首要必备能力。党的十八大以来，习近平新时代中国特色社会主义思想不断完善与发展，为新时代坚持和发展什么样的中国特色社会主义、怎么坚持和发展中国特色社会主义做出系统回应。党中央高度关注"三农"问题，从实施精准扶贫实现打赢脱贫攻坚战的目标任务到新发展阶段全面实施乡村振兴工作，对农村发展提供了方向性指引。习近平总书记有关"三农"工作的重要论述以及习近平总书记有关驻村帮扶工作的重要指示是驻村帮扶乡村振兴工作的重要指南。驻村帮扶干部可以从学习党的路线方针政策、传达党的路线方针政策以及落实党的路线方针政策三个方面来提升贯彻落实中央政策的能力。

1. 学习党的路线方针政策

驻村帮扶干部要认真学习党的路线方针政策，深入学习习近平新时代中国特色社会主义思想中有关农村发展的重要内容，学习习近平总书记关于实施乡村振兴的重要论述，学习"产业兴旺、生态宜居、乡风文明、治理有效、生活富裕"的乡村振兴战略方针；学习习近平总书记有关"三农"工作的重要论述，认识农村工作的重要地位，掌握农村工作的重要内容，加快农业农村农民的现代化进程；学习习近平总书记有关驻村帮扶工作的重要指示精神，学习《中国共产党农村工作条例》《中国共产党农村基层组织工作条例》，学习中央组织部《关于抓党建促乡村振兴的若干意见》，学习中共中央办公厅《关于向重点乡村持续选派驻村第一书记和工作队的意见》，了解党和国家有关农村发展、乡村振兴以及驻村帮扶工作的政策制度；学习《中共中央 国务院关于全面推进乡村振兴加快农业农村现代化的意见》，强调驻村帮扶在加强党的农村基层组织建设以及乡村治理中的重要工作内容。

党日活动上驻村干部领学

2. 传达党的路线方针政策

驻村帮扶干部一方面在深入学习党中央的路线方针政策，深刻认识做好驻村帮扶乡村振兴工作的重要意义，准确把握驻村帮扶工作新部署新要求，另一方面要将党的路线方针政策精准传达到乡村社会，促使基层干部群众真正了解与正确认识党的路线方针政策。驻村帮扶干部可以通过多种方式，如宣传、培训、调研、考察等方式，利用村党支部定时开展的"三会一课一主题"活动，召开群众会，利用微信等开展"互联网+"网络宣传，提高党员群众的政策知晓率，组织干部群众学习习近平新时代中国特色社会主义思想中有关农村发展的重要内容、习近平总书记有关"三农"工作、驻村帮扶工作的重要论述等内容，促使当地的干部群众认识"三农"工作的重要性，认识乡村振兴工作的重要性。

3. 落实党的路线方针政策

基于驻村帮扶干部对党和中央有关"三农"工作、乡村振兴、乡村发展以及驻村帮扶工作相关政策制度的认真学习解读与精准传达的基础上，有效贯彻落实党的路线方针政策。针对每一项政策部署，关键是抓落实。贯彻落实习近平总书记有关驻村帮扶工作的重要指示精神，做好驻村帮扶政策落实，实现驻村帮扶责任落实以及工作落实，落实乡村振兴战略，推进农业农村现代化进程；落实《中共中央 国务院关于全面推进乡村振兴加快农业农村现代化的意见》，发挥驻村帮扶在加强党的农村基层组织建设和乡村治理方面的优势，充分发挥农村基层党组织领导作用，持续抓党建促乡村振兴；落实《关于向重点乡村持续选派驻村第一书记和工作队的意见》，围绕建强村党组织、推进强村富民、提升治理水平以及为民办事服务等方面全面推进乡村振兴、巩固拓展脱贫攻坚成果任务。

红色领航强基础，党建引领聚人心

乡村振兴，组织振兴是保障。

2021年以来，西藏自治区（中）直机关各驻村工作队聚焦建强基层党组织，发挥村居"两委"班子成员100%是党员的优势，持续整顿软弱涣散村级党组织，确保农牧区党组织始终是听党话跟党走、善团结会发展、能致富保稳定、遇事不糊涂、关键时刻起作用的坚强战斗堡垒。

日喀则市谢通门县国木德村，一个地处大山深处的纯牧业村。多年来，山高路远，疏离了全村村民和谐的心。修路要吵、牧草试种要争……不少需协商解决的事情，村中6个自然村往往都会出现各执一词、僵持不下的局面。乡村工作千头万绪，基层党组织建设是突破口。区税务局工作队入驻国木德村后，坚持问题导向，通过民族团结教育、"四讲四爱"群众教育实践活动等，做了大量强基础固根本工作。心中"隔阂墙"拆掉了，村中"团结路"筑了起来。国木德村74户群众心往一处想、劲往一处使，集资完成绵羊短期育肥项目品种选购、养殖育肥等工作，并成功获利，增强了发展壮大村集体经济的信心。

建设强有力的基层党组织，是一项长期性系统性工程，需绵绵用力、久久为功。位于那曲市申扎县越恰错畔的帕账沃玛村，就是这样一个例子。大到理论政策宣讲、乡风文明引导，小到组织召开会议、矛盾纠纷化解——区党委网信办一批又一批驻村工作队发挥"传帮带"作用，"帮办"而不"包办"，逐步提升了帕账沃玛村村干部素质及工作能力。"现在，我们基本上能独立完成村中大部分工作，哪怕驻村干部走了，也能扛起'大梁'。"帕账沃玛村党支部书记占堆说。

驻村工作队队长赵建华表示，今后，我们会当好政策法规"宣传员"，帮助村干部们理解、领会、掌握和运用好党和国家的各项方针政策、惠民信息，确保村级组织运行正常、作用突出，为实现乡村振兴奠定坚实的组织基础。

资料来源：《驻村帮扶为乡村振兴注入新动力——西藏自治区（中）直机关驻村工作见闻》，2021年11月4日，国家乡村振兴局。

（二）协调干部与群众关系的能力

协调干部与群众关系的能力是驻村帮扶干部有效融入乡村社会，做好驻村帮扶工作的关键能力。从驻村帮扶工作机制的发展历程上看，驻村帮扶工作机制作为重要的社会扶贫创新机制，驻村帮扶工作涉及驻村帮扶干部、当地村"两委"、村民、所在乡镇党委以及帮扶单位等多元主体。因此，如何协调多元不同主体间关系显得尤为重要。驻村帮扶干部在进入基层工作时，首要的就是如何协调与处理各种关系。这是驻村帮扶干部融得下、能够有效开展驻村帮扶工作的重要前提。驻村帮扶干部可以有效连接国家政策与地方实践，融合国家、基层组织和社会三者的利益，有效开展相应的工作。由于不同参与主体在驻村帮扶工作中角色与功能的差异性，驻村帮扶干部在进入帮扶地区以及开展工作的过程中，面临一些难处理的帮扶关系，需要协调与处理各方的关系。鉴于此，驻村帮扶干部可以从协调与村"两委"的关系、协调与群众的关系、协调与所在乡镇党委的关系以及帮扶单位的关系等方面提升协调干部与群众关系的能力。

1. 协调与村"两委"的关系。驻村帮扶干部应协调好与村"两委"的关系，正确定位驻村帮扶干部自身与村"两委"的关系，及时转变工作思路与工作方法，协助村"两委"推动乡村全面发展，避免越位、缺位和错位现象。驻村帮扶干部应重点围绕培育后备力量，吸引各类人才，协助加强村"两委"班子建设，提升村党组织的组织力，增强党员教育管理监督，发挥党员作用，建强村党组织；围绕农业农村现代化建设，协助村"两委"发展乡村产业，壮大新型村集体经济，推进共同富裕；围绕乡村治理体系建设，加强村党组织的全面领导，形成治理合力，提升治理水平；围绕乡村民生工作，关注党群干群关系，针对有困难人群，协调做好关爱服务与帮扶工作。驻村帮扶干部的工作离不开村"两委"的支持，主动参与村"两委"的组织生活和各种活动，充分发挥支持和帮助作用，与村"两委"共同做好各项工作，面对问题主动作为，调动村"两委"的工作积极性与主动性，做到帮办不代替、到位不越位。

2. 协调与群众的关系。驻村帮扶干部应协调好与群众的关系，坚持从群众中来到群众中去的工作方法，积极主动与群众沟通，建立良好的沟通关系，了解群众的真实情况，关注群众的发展需求，避免与群众沟通不畅，导致脱离群众生活难以真正融入群众中。驻村帮扶干部应把了解村情民意作为首要任务，深入帮扶地区的田间地头、种养基地、工厂车间等调研，全覆盖走访当地群众，深入交流，了解村情民意；与群众"话家常""唠嗑"，摸清群众的家底，了解群众关心什么、需要什么，真正做到关心爱护群众。驻村帮扶干部放下架子与基层群众打成一片，解决好群众的"揪心事、烦心事、操心事"，与成为"朋友""亲人"，赢得群众信任，协调与群众的关系。

驻村干部带头进行人居环境清零

3. 协调与所在乡镇党委的关系。驻村帮扶干部应协调好与所在乡镇党委的关系。驻村帮扶工作仅仅依靠驻村帮扶干部难以充分发挥驻村帮扶的作用，还必须依靠地方干部。所在乡镇党委干部熟悉地方风土人情，工作有方法、经验丰富，会干事、能干事。乡镇党委政府履行驻村帮扶干部的属地管理责任，驻村帮扶干部要遵守工作纪律，服从乡镇党委政府的统一安排，认真开展工作。在融入乡村社会中，驻村帮扶干部加强与所在乡镇党委干部的沟通与交流，一方面可以快速了解地方发展的规划，协助地方实施发展规划，并将帮扶工作中的问题及时向乡镇党委政府汇总报告，为其研究决策提供参考，与地方政府进行深入的互动交流与合作，为快速了解地方社会提供条件；另一方面可以争取到地方的支持与协助，将帮扶力量与帮扶资源精准投入帮扶地区，为快速融入基层社会奠定基础。

4. 协调与帮扶单位的关系。驻村帮扶干部应协调好与帮扶单位的关系，避免与帮扶单位汇报不及时，信息反馈不到位，难以获得帮扶单位支持的问题。帮扶单位可以为驻村帮扶干部工作提供坚强的后盾支持。驻村帮扶干部要及时向帮扶单位领导汇报驻村帮扶工作的进展、存在的困难、帮扶计划规划、工作建议等，进而得到单位的重视和支持，聚集帮扶单位的集体智慧，集中力量共同做好驻村帮扶工作。

驻村帮扶档位不降 乡村振兴步履铿锵

2021年以来，紫云自治县把习近平总书记视察贵州重要讲话精神作为强大动力，严格落实"四个不摘"要求，把巩固拓展脱贫成果接续推进乡村振兴作为头等大事抓实抓好，持续精准选派驻村第一书记和驻村干部组成驻村工作队，确保驻村帮扶工作档位不降、力度不减，乡村振兴蹄疾步稳。

紧扣"职绩"，导向鲜明强活力。明确、压实驻村工作队工作职责，确保干有方向、干出实绩，同时坚持提拔任用实绩突出、群众公认的驻村帮扶干部鲜明导向，充分激发干事创业活力。将宣传贯彻党的方针政策、帮助建强村党组织、帮助巩固脱贫成果、帮助发展农村产业、帮助抓好乡村建设、帮助提升治理水平、帮助做好为民服务"一宣六帮"作为驻村工作队职责，要求各驻村工作队从派驻村实际出发，细化任务清单，全面抓好帮扶村各项任务落实。推动各驻村工作队协同村"两委"做好"为民办实事"各项工作，切实做到遇事共商、问题共解、责任共担，并积极调动村"两委"干部的积极性、主动性、创造性，做到帮办不代替、到位不越位。在评先选优方面向基层一线倾斜，健全完善优秀驻村第一书记和驻村干部库，积极做好跟踪培养，抓好优秀帮扶干部的提拔任用，形成从乡村振兴工作一线发现培养、选拔任用优秀干部的鲜明导向，让一线帮扶干部勇挑重担、勇毅前行。

资料来源：紫云自治县：《驻村帮扶档位不降 乡村振兴步履铿锵》，2021年12月23日，九派新闻。

（三）建强基层党组织的能力

建强基层党组织的能力是驻村帮扶干部做好驻村帮扶工作的重要能力。村党组织是连接乡镇党委与村"两委"、村民的纽带，村党组织的凝聚水平、集体工作能力关系到基层经济社会整体发展水平。部分村存在基层党组织建设"软弱涣散"问题，创新村"两委"班子工作比较困难，影响乡村公共服务的整合提升以及乡村德治、自治、法治"三治"融合建设机制等问题，影响基层党组织发挥战斗堡垒作用。驻村帮扶干部需要承担起建强村党组织，进而有效实现乡村善治的重要使命。作为建强基层党组织的第一负责人，驻村帮扶干部可以以多种形式抓组织建设，推动组织振兴。具体而言，驻村帮扶干部可以从重视村"两委"班子建设，加强党支部标准化规范化建设以及发挥村党组织的引领作用等方面提升建强基层党组织的能力。

1. 重视村"两委"班子建设。驻村帮扶干部应重视村"两委"班子建设，解决基层党组织"软弱涣散"问题，破解乡村"两委"班子工作创新难题。配合协助乡镇党委做好村"两委"班子的配齐配强工作，根据村"两委"班子换届工作需要，配合村"两委"着重将干部信任、群众满意、能力强、素质高的骨干吸纳到村"两委"班子，加强村"两委"班子建设，落实村党支部书记和村主任"一肩挑"以及村"两委"班子交叉任职，促进村"两委"担当作为，打造一支业务能力过硬、纪律作风过硬的基层党员干部队伍，切实为群众做好服务，提高群众的满意度。同时，协助村"两委"

班子培育后备力量，从优秀人才群体中选拔优秀的村级后备干部。将致富带头人、返乡创业大学生、退役军人等优秀农村青年列为重点发展对象，发展年轻党员，增加农村党员群众力量，培育能力突出，具备专业能力、专业素养以及专业精神的后备力量，使其成为乡村振兴与乡村发展的重要参与者。

2. 加强党支部标准化规范化建设。"给钱给物，不如给个好支部。"驻村帮扶干部应加强党支部标准化规范化建设，严格党的组织生活，加强党员教育监督管理，充分发挥党组织和党员作用。驻村帮扶干部可以从加强农村党员管理标准化规范化、推动党内生活标准化规范化以及推动服务保障机制标准化方面推进党支部标准化

建党百年为张庄村在党五十年党员送上奖章

规范化建设。驻村帮扶干部应严格落实党的组织生活制度，积极开展党课学习活动，落实"三会一课"、民主评议党员、"四议两公开"等制度，通过开展党日活动、"不忘初心、牢记使命"主题教育，促使党员增强"四个意识"、坚定"四个自信"、做到"两个维护"，提升党员干部素质，增强参与村级事务的积极性与主动性。党支部标准化规范化建设有助于保障基层党员话语权，集中公开党内事项，保障党员知情权，促使党员"有话可说"，健全激励机制，激励党员敢于提出建设性的意见，让党员"有话能说"，扩大基层党内民主。

3. 发挥村党组织的引领作用。驻村帮扶干部可以从村里的致富能手以及乡土人才中发现好苗子，选优配强村级干部力量，促使村党组织更有凝聚力、号召力和战斗力。驻村帮扶干部协助村党组织办好事办实事，破解发展难题，协助村党组织树立好的威信；通过协助村党组织调整产业结构，发展致富项目，提升村党组织的发展能力；在协助乡村完善规章制度，化解矛盾纠纷中，提升村党组织的农村现代化治理水平。在选优配强村级干部力量建强村党组织的基础上，提升基层党组织的引领力与组织力，发挥村级干部力量的"领头雁"作用。以党员干部的示范引领作用，辐射至合作企业、合作社、返村能人等，支持乡村振兴、参与乡村振兴、服务乡村振兴。

党日活动上驻村干部带头重温入党誓词

强堡垒、夯基础——基层党建再加强

打赢脱贫攻坚战,关键在党,关键在人。日喀则市高度重视驻村帮扶工作,下派驻村帮扶工作队和帮扶责任人奔赴攻坚一线,精准帮扶、精准发力,将党的力量挺立在脱贫攻坚的主战场和最前沿。自第九批干部驻村工作开展以来,日喀则市紧紧围绕新时代干部驻村"七项重点任务",不折不扣地落实各级党委、政府关于干部驻村的新要求,牢牢把握市委中心工作,精准对接基层实际,真正做到了坚守一线强基础,凝心聚力保稳定。

2020年以来,谢通门县各级驻村工作队采取"自主学、集中学、帮带学"的方式，在村干部、后备干部和农牧民党员中大力开展国家通用语言能力素质提升工作。该县初果村创办了《江拉山脚下》汉藏双语月报，目前已出版8期，刊登党的十九大、十九届五中全会等内容发放给党员和村干部，成立学习专班、建立学习台账、实行签到管理，重点强化村干部使用国家通用语言对话交流的能力，助推了村"两委"各项工作顺利开展。

基层党组织是党的全部工作和战斗力的基础，直接关系到服务群众"最后一公里"是否畅通。加强基层组织体系建设，就是巩固我们党执政的每块基石。日喀则市广大驻村干部找准职责定位，理顺职能界限，坚持指导不领导、到位不越位、帮办不包办的原则，充分发挥"传帮带"作用，积极开办夜校补习班，围绕"三本教材"、电脑操作及普通话交流等内容，不断帮助村（居）干部提高业务能力和使用国家通用语言文字的能力。

到2020年底，日喀则市各级驻村工作队组织开展农牧民夜校补习开展政策理论课9000余学时，讲党课9500余学时，为村"两委"班子上文化课1.52万余学时，坚持开展每周一升国旗、唱国歌，国旗下学讲党章活动，健全组织生活会、民主评议党员、主题党日活动及党风廉政建设、党务财务村务等制度6900余条，自下而上开展223场次国家通用语言演讲比赛，有力推动了组织生活严起来、实起来，切实把村级党组织建设成了听党话、跟党走，善团结、会发展，能致富、保稳定，遇事不糊涂、关键时刻起作用的坚强战斗堡垒。

资料来源：《驻村帮扶 用干部的"辛苦指数"换来群众的"幸福指数"——日喀则市第九批驻村干部工作综述》，2020年12月18日，国家乡村振兴局。

（四）加强主动学习的能力

加强主动学习的能力是驻村帮扶干部做好帮扶工作的内在能力。驻村帮扶单位选派驻村帮扶干部时要遵循政治素质好，能够坚决贯彻执行党的理论和路线方针政策，热爱农村工作；工作能力强，勇于担当，善于做群众工作，具有开拓创新精神；事业心和责任心强，作风扎实，不怕吃苦，甘于奉献等原则，同时对于具有农村工作经验或涉农方面专业技术特长的优先考虑。驻村帮扶干部具备主动学习的能力有助于驻村帮扶干部认真掌握领会党和国家政策精神实质，提高农村工作的政策水平和能力，提升驻村帮扶工作成效。驻村帮扶干部可以从主动加强政策与理论知识的学习、积极参加驻村帮扶工作培训学习以及加强与其他驻村帮扶干部交流学习等方面增强主动学习能力。

1. 主动加强政策与理论知识的学习。驻村帮扶干部首要任务是贯彻落实党中央的路线方针政策，认真掌握领会政策精神实质，当好学习人。在驻村帮扶工作中，驻村帮扶干部要养成自觉学习政策与理论知识的习惯，主动学习政策理论、法律法规、脱贫攻坚、乡村振兴、富农惠农强农、产业发展、市场销售等多方面的知识，提高农村工作的政策水平和能力。

2. 积极参加驻村帮扶工作培训学习。驻村帮扶干部应积极参加相应的培训学习活动，解决"想干不会干"的问题。一些地区会通过举办专题培训会、现场观摩与经验交流等方式，加强驻村帮扶干部的政治素养和党性观念，贯彻党中央的路线方针政策。同时，以针对性与实用性为原则，聚焦党的方针政策、建强村党组织、巩固拓展脱贫成果、发展农村产业、抓好乡村建设、提升治理水平等，地方开展系统深入的培训，强化驻村帮扶干部的政策理论能力。如一些省市组织驻村帮扶干部参与村（社区）"两委"换届专题培训，提升驻村帮扶干部协助乡镇抓好村级换届的能力。因此，驻村帮扶应借助地方政府举办的培训活动，主动参与培训学习，提升自身的履职能力。

3. 加强与其他驻村帮扶干部的交流学习。不同的驻村有不同的特点，驻村帮扶干部在具体帮扶工作中工作方法和技巧也存在一定的差异。驻村帮扶干部可以通过加强与其他驻村帮扶干部间的交流学习，吸取好的经验教训，提升驻村帮扶工作效果。驻村帮扶干部可以借助驻村帮扶干部工作群、交流培训会议等方式，分享帮扶工作经验、典型经验与亮点做法以及驻村工作感想体会，探讨驻村帮扶工作各阶段存在的困惑以及解决办法，为开展驻村工作提供参考与借鉴的经验，凝聚合力持续巩固拓展脱贫攻坚成果，全面推进乡村振兴工作。

驻村干部与村干部座谈

依安县:"四抓四促"夯实驻村帮扶工作队 巩固脱贫攻坚成果

抓牢培训测试促能力 为进一步提高驻村干部队伍的政治素质和党性观念,举办全县驻村干部学习贯彻党的十九届六中全会精神专题培训会,邀请县委党校讲师宣讲十九届六中全会精神,全县驻村干部共制订学习计划201个,开展宣讲活动64次,撰写心得体会201篇。同时开展驻村干部应知应会知识测试,考试内容针对应知应会内容提要、依安县精准帮扶优惠政策为内容展开,共有201人参加考试,通过率达到98%,对个别未通过测试的驻村干部已进行补考。各乡镇自行组织开展模拟访谈活动,由驻村工作队队长、第一书记汇报对巩固拓展脱贫攻坚成果的安排部署、工作推进和政策掌握等情况,各班子成员进行现场打分排名，切实提高驻村干部业务素质和工作能力。

抓好交流沟通促合力　各驻村干部通过微信交流群，每日不定时分享工作经验、驻村感想、亮点做法，凝聚合力持续巩固脱贫攻坚成果。县驻村办牵头召开学习全会精神座谈交流会，大家互相交流学习心得，不断探讨驻村各阶段中存在的问题和经验，分享了各村的产业亮点、管理模式、销售渠道，为驻村工作提供了可复制的成功经验。同时，对土地规模经济、有机转换种植、土地托管、规模化养殖进行讨论，认为应该转变种植经营模式，创新生产思维，为乡村振兴提供新思路、新方法。

资料来源：依安县:《"四抓四促"夯实驻村帮扶队伍 巩固脱贫攻坚成果》，2022年1月7日，人民网。

（五）带领群众增收致富的能力

带领群众增收致富的能力是驻村帮扶干部做好帮扶工作的终极目标。驻村帮扶干部需要重点围绕加快农业农村现代化、扎实推进共同富裕，加快推进发展乡村产业，发展壮大新型农村集体经济，促进农民增收致富。驻村帮扶干部在帮扶工作中面临部分帮扶地区存在经济发展缓慢，产业基础"零弱散"现象，群众生产生活水平低下，村集体经济薄弱、"空壳"的问题。鉴于此，驻村帮扶干部在驻村帮扶工作中需要推动乡村产业发展以及壮大新型农村集体经济等方面增强带领群众增收致富能力。

1. 推动乡村产业发展

驻村帮扶干部要认识到一时的给钱给物，难以实现群众的增收致富。只有长期稳定的产业支撑，激发农户的发展动能，才能有效改善群众的生产生活，增加群众的收入。驻村帮扶干部要认真研究并细致规划帮扶村产业发展方向，聚焦帮扶村产业发展的重点难点，基于帮扶村产业发展实际，充分利用本地资源优势，科学规划，用务实管用的举措发展适合本地实际的特色产业；通过实地走访了解群众产业发展的真实需求，认真分析研究帮扶政策，为群众产业发展争取帮扶项目及资源，并加强帮扶项目的后续管理维护，实现跟踪管理，提高帮扶项目的落地性；发挥本地或外地产业发展大户的带动作用，同时为群众产业发展提供技术支持，提升群众参与产业发展的积极性。

2. 发展壮大新型农村集体经济

驻村帮扶干部要认识到发展壮大新型农村集体经济，是增强帮扶村、帮扶群众自我发展能力，实现巩固拓展脱贫攻坚成果与增收致富的重要基础。当前一些地区村级集体经济发展面临底子薄弱、收入渠道单一、村域发展不平衡等困境。驻村帮扶干部可以灵活运用"资源、资产、资金"三要素，了解政府政策，申报政策支持的村级集体经济项目，盘活村集体资产，增强帮扶村自身造血功能；通过开发当地现有资源、盘活集体资产、发展特色产业、探索合作受益模式等，多措并举盘活做强村级集体经济；利用政策优势，结合不同帮扶村集体经济基础与特点，将政策、单位以及自身资源与帮扶村集体经济发展需求相结合，需要技术协助的开展技术培训、有发展项目支持的给予重点支持、有人员需求的加派帮扶人员,为帮扶地区发展集体经济提供全方位支持。

参考文献

［1］刘金海:《"工作队":当代中国农村工作的特殊组织及形式》,《中共党史研究》2012年第12期。

［2］钟海:《干部驻村制度优势转化为治理效能的实现路径——基于从脱贫攻坚向乡村振兴转变的分析视角》,《求实》2022年第1期。

［3］张国磊:《科层权威、资源吸纳与基层社会治理——基于"联镇包村"第一书记的行动逻辑考察》,《中国行政管理》2019年第11期。

［4］《习近平在中央党校(国家行政学院)中青年干部培训班开班式上发表重要讲话》,2020年10月10日,中国政府网。

［5］《习近平治国理政的科学思维方式》,2017年1月,人民网。

［6］谢小芹:《"接点治理":贫困研究中的一个新视野——基于广西圆村"第一书记"扶贫制度的基层实践》,《公共管理学报》2016年第3期。

结　语

对于第一书记和驻村帮扶干部来说，驻村帮扶是一个机会，也是一个挑战，在驻村帮扶过程中，要能够提升能力，干出实效。

首先，在驻村帮扶中，要认真学习习近平总书记关于驻村帮扶工作的重要论述，认识驻村帮扶的意义，向习近平总书记学习农村工作方法，同时要认真领会巩固脱贫攻坚成果同乡村振兴的责任和要求，把握乡村振兴的目标和任务，提升自己的政治站位。

其次，要时时刻刻记住向农民学习，农民不仅仅是驻村帮扶的对象，也是驻村帮扶的老师，要通过深入实际，与农民交朋友。只有被农民接受，向农民学习，才能真正帮助农民。先当学生，才能后做老师。

最后，驻村帮扶是一个复杂系统的工程，不仅需要多方面的知识，而且需要多方面动员资源。仅仅依靠第一书记和驻村工作队是不能完成乡村振兴的重任。驻村帮扶要能够广泛团结各方力量，整合各方资源，学会处理复杂事务。

乡村振兴为广大第一书记和驻村帮扶干部提供了一个前所未有的平台，广大的第一书记和驻村帮扶干部要在这个平台上，经历人生最难忘的时期，创造人生最伟大的成绩。

这个驻村帮扶与乡村振兴工作指引并不是要提供给读者一个成熟的工作模式，因为每一个村、每一个农户都是独特的，需要第一书记和驻村帮扶干部结合实际开展创造性的工作。这个指引是为广大第一书记和驻村帮扶干部提供一个最基本的指引，知道进入乡村以后，如何能够尽快地转变角色，开创属于自己的帮扶经验和帮扶模式。

后 记

对于许多第一书记和驻村帮扶干部来说，驻村帮扶是一项全新的工作，面临着如何适应新的工作角色、如何进入新的工作场景。我们针对农村工作经验不足的第一书记和驻村帮扶干部，编辑了这样一本工作指引。本书由中国扶贫发展中心主任黄承伟研究员设计总体框架。各章节作者分别是：第一章作者孙旭友、王晓毅、徐宗阳；第二章作者岳要鹏、陆汉文；第三章作者覃志敏；第四章作者苏海、刘军；第五章作者向德平、王维；最后由黄承伟研究员和王晓毅研究员对全书做了统稿工作。张博教授深度参与了指引的框架设计、内容修正、案例撰写等工作。